シリーズ 現代の教職 9

新しい時代の
特別活動

個が生きる集団活動を創造する

相原次男・新富康央・南本長穂 編著

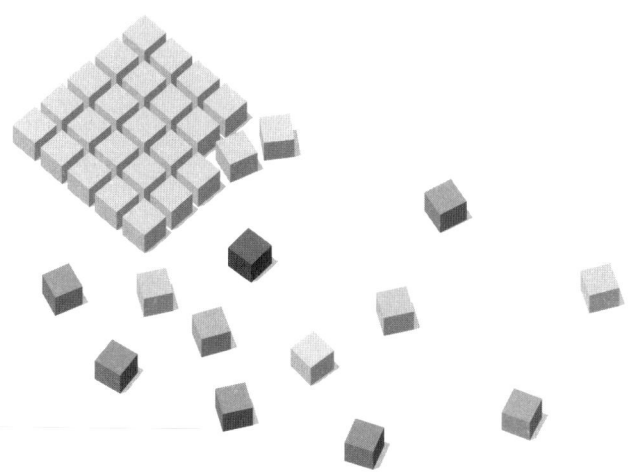

ミネルヴァ書房

まえがき

　本書は，小・中・高等学校の教育現場で，日々，教育の課題に真剣に取り組まれている先生方，教育の世界に自らの生きがい働きがいを求めて，教師をめざし真摯に学んでいる人々，また，青少年施設や青少年団体等で子どもの社会性を育み，豊かな集団活動や社会体験をもたせようと，日々，努力し，貢献されている方々に，わが国の小・中・高等学校の教育現場で，特別活動がどのようなねらい，方法，活動を通して，子どもを育てることができるのかを，わかりやすく理解し，考えてもらうためのテキストとして編まれたものである。
　特別活動は，その目標が「望ましい集団活動を通して」という文言で始まるが，子どもの社会性や集団性，言いかえると，他者とのかかわり方，かかわる力，かかわるために必要な能力，かかわるために必要な知識や技能を育てることをめざし，学校教育の中で重要な位置を占めている領域，分野である。
　80年代，90年代以降のわが国の大きな教育問題である，いじめ，不登校，校内暴力，学級崩壊の問題，あるいは，子どもの無気力，学力低下などの学習からの逃避の問題など，そのすべての原因を社会性の欠如，集団活動や社会体験の乏しさのせいにするわけにはいかないが，しかしながら，青少年のより良い成長，発達を願い，貢献したいと考える人々は，子どもの社会性や社会的能力の育成こそが問題解決に向けた最も重要な課題であることを痛感している。
　しかし，子どもの集団活動をどう指導すればよいのか。たとえば，どのような活動を創りだすと活動への子どもの興味・関心を引き出せるのか。子どもが集団活動に取り組むと，意見の対立やいがみあい等がよく起きるが，その人間関係をどう調節すればよいのか。活動に取り組んでも，意欲が長続きせず，活動の成果がみえなかったり，活動がマンネリ化した時どう指導すればよいのか。
　確かに，知識の理解や技能の習得が主となる教科の指導には，教師は力を注ぎ習熟していても，特別活動の指導に意義を見いだし，その指導力を高めようとする教師は必ずしも多いとは言えない。この点が，これまでの特別活動の指導の現状であろう。しかし，特別活動の活性化を図る指導力の向上なくして，

わが国の教育は良くならないし，子どもの問題は解決の方向には進まない。

　本書は，小・中・高等学校での特別活動に関して，知的関心を喚起してもらい，特別活動の意義の理解だけでなく，できればその指導の実際の知的なおもしろさ，楽しさに，少しでも気づいていただければという願いをもって，企画している。なお，編者を含め執筆者のほとんどは，全国個を生かし集団を育てる学習研究協議会（現会長は編者の相原次男）の会員である。本協議会は毎年全国大会を開催し（平成22年度で通算37回）ている。今日，教育界ですっかり慣用語となった「個を生かす」「一人一人を生かす」「全員参加」「一人一役」「支持的風土」「容認・支援」「自主協同学習」「意欲づくり」「しくみづくり」などの言葉は，本研究協議会の会長として多大の貢献をされた，広島大学名誉教授片岡德雄先生，岡山大学名誉教授高旗正人先生を中心に創られ，会員のなかで広く実践されてきている。本書も本協議会の会員の成果の一端である。

　本書の大きな特色の１つは，執筆者が同じ学習研究協議会の会員という点である。従来の特別活動のテキストにみられがちな単なる理論と実践の寄せ集め的なものではなく，テキストとしての内容のまとまりや系統性が保たれている点にある。もう１つは，第１部特別活動のねらいと方法，第２部特別活動の内容，第３部特別活動と他の教育活動との関係，については大学教員が特別活動の理論的な検討を行い，あわせて，第４部特別活動の実践手法，で実践に取り組まれておられる先生方の実践（手法）の成果を組み込んでいる点にある。ぜひ，理論的な理解と実践手法を対応させて学んでいただきたい。

　最後になったが，本書の出版に際しては，編集部の浅井久仁人氏には多大なご尽力をいただいた。高等学校学習指導要領の告示が私たちの予想より遅れたこともあり，また，全体的な執筆計画も大幅に遅れ，氏にはご迷惑をおかけした。ご支援，ご助力，ご寛恕がなくては，とうてい刊行できなかったであろう。執筆者を代表して，ここに深く感謝の意を表したい。

　　　2010年４月　　　　　　　　　　　　　　　　　編者　相原　次男
　　　　　　　　　　　　　　　　　　　　　　　　　　　　新富　康央
　　　　　　　　　　　　　　　　　　　　　　　　　　　　南本　長穂

目　次

まえがき

第1部　特別活動のねらいと方法

第1章　特別活動の教育的意義と実践課題 …… 2
1　特別活動の今日的意義 …… 2
2　特別活動展開の方法的視点 …… 6
3　特別活動の教師に求められる力量 …… 12

第2章　特別活動の方法――集団活動と体験活動 …… 16
1　特別活動の方法 …… 16
2　方法としての集団活動 …… 18
3　方法としての体験活動 …… 25

第3章　特別活動の歴史 …… 31
1　戦前の特別活動 …… 31
2　戦後の特別活動――学習指導要領の変遷 …… 35
3　歴史に見る特別活動の課題 …… 41

第2部　特別活動の内容

第4章　小・中学校の学級活動と高等学校のホームルーム活動 …… 46
1　学級活動の目標（小・中学校）／
　　ホームルーム活動の目標（高校） …… 46

2　学級活動の内容（小・中学校）／
　　　　ホームルーム活動の内容（高校）……………………………… *49*
　　3　全体計画の作成……………………………………………………… *55*

第5章　児童会活動と生徒会活動……………………………………… *60*
　　1　児童会・生徒会活動の目標，内容および特質…………………… *60*
　　2　児童会・生徒会活動の現実的問題………………………………… *65*
　　3　児童会・生徒会活動の問題点の克服……………………………… *69*

第6章　学校行事………………………………………………………… *76*
　　1　学校行事の歴史およびその種類と内容…………………………… *76*
　　2　実証的研究に見る学校行事の可能性……………………………… *84*
　　3　学校行事の展開上の問題とその克服の方向……………………… *87*
　　　　──教師間の連携に着目して

第3部　特別活動と他の教育活動との関係

第7章　特別活動と総合的な学習の時間……………………………… *92*
　　1　特別活動，総合的学習の教育課程上の特質……………………… *92*
　　2　4つの共通性と基本原理…………………………………………… *94*
　　3　学校行事と総合的な学習との関連性……………………………… *102*

第8章　特別活動と道徳教育…………………………………………… *107*
　　1　特別活動における道徳教育………………………………………… *107*
　　2　特別活動の内容と道徳教育………………………………………… *110*
　　3　特別活動と道徳の時間との関連…………………………………… *115*
　　4　これからの学校教育を支える道徳教育の確立…………………… *117*
　　　　──総合単元的道徳学習を構想する視点

第9章　特別活動と学級経営 …………………………………… *122*
   1　学級経営の特質 ………………………………………………… *122*
   2　学級経営と学級づくり ………………………………………… *126*
   3　学級づくりに生かす特別活動 ………………………………… *130*

第10章　特別活動と生徒指導 ………………………………… *134*
   1　生徒指導に関する誤解 ………………………………………… *134*
   2　生徒指導に果たす特別活動の機能と役割 …………………… *136*
   3　予防開発型／問題解決型アプローチ ………………………… *139*
   4　〈よりよい生徒指導〉をめざす特別活動の指導・援助モデル …… *143*

第4部　特別活動の実践手法

第11章　学級活動 …………………………………………………… *148*
   Ⅰ　子どもが元気になる学級開き・学級目標づくり（小学校）……… *148*
   Ⅱ　希望や目標をもって4年生になろう（小学校）……………… *153*
   Ⅲ　係活動を活性化する実践手法（小学校）…………………… *158*
   Ⅳ　魅力ある学級活動と話合いづくり（小学校）……………… *164*

第12章　児童会活動・生徒会活動 …………………………… *169*
   Ⅰ　ありさんパワーで素敵な学校をつくろう！（小学校）……… *169*
   Ⅱ　全員参加の生徒会活動の展開（中学校）…………………… *175*

第13章　学校行事 …………………………………………………… *182*
   Ⅰ　地域の人や自然を生かした学校行事（小学校）……………… *182*
   Ⅱ　学校行事と学校の伝統づくり（中学校）…………………… *187*

第14章　進路指導……………………………………………… 193
　　Ⅰ　自己認識を深める職業体験学習（中学校）……………… 193
　　Ⅱ　工業高校における専門教科指導と連携した進路指導……… 198

資料編
小学校学習指導要領（平成20年3月告示）第6章　特別活動
中学校学習指導要領（平成20年3月告示）第5章　特別活動
高等学校学習指導要領（平成21年3月告示）第5章　特別活動

索　引

第1部

特別活動のねらいと方法

第1章 特別活動の教育的意義と実践課題

　特別活動とは何か。教科や道徳と異なる特別活動の特質はどこにあるのか。また，教育課程の中で特別活動はどのように位置づけられ，どのような目標（ねらい）をもっているのか。また，特別活動の目標を実現するために，教師にはどのような実践的視点や，指導能力・技が求められているのか。
　本章では，上記の課題を総論的に，①特別活動の今日的意義，②特別活動展開の方法的視点，③教師に期待される資質，の3つの観点から検討してみたい。

1　特別活動の今日的意義

（1）特別活動への期待と懸念

　2008（平成20）年3月，小学校・中学校の新学習指導要領（高校は2009年3月）が告示され，2009年度から一部試行が可能になった。学習指導要領改訂の引き金となったのは教育基本法の改正（2006年12月）であるが，その背景には社会の規範やルールの軽視，人間関係力やコミュニケーション力の不足，他者の存在を無視した自己中心主義の横行など，子どもの行動様式や育ちの現実がある。また，学習指導要領改訂の重要な契機の一つとなったのは，OECD（経済協力開発機構）によるPISA（生徒の学習到達度調査）（2006年）の結果である。ここでは，国際比較の中で，日本の子ども（15歳）の学力の相対的低下，家庭学習時間の少なさ，学習意欲の低さ，また自分への自信の欠如，将来への不安などの課題が明らかになった。
　この度の学習指導要領の改訂は，世界に通用する，生きて働く確かな学力の形成，それを可能にする学習方法の改善，意欲喚起の手だて等が強調されている。しかし，むき出しの学力向上策ではなく，教育課程の全領域に人間関係の重視や言語活動の充実，言語運用能力の向上，体験活動や問題解決学習の導入，

さらにグループ学習や課題学習，繰り返し，振り返り学習の大切さ等が指摘されている。実は，これらの多くは，集団活動を特質とする特別活動の主要な方法，手法でもある。

　この点を強調すれば，新学習指導要領は，特別活動に期待される方法・技術を他の教育分野にも拡大したと理解することもできる。特別活動は，これまで以上に子どもの実践力や実践的能力の育成とともに，活動そのものの質的向上に期待がかけられている。また，実践に際して，他の教育分野との関連の理解と，連携を深める視点の共有が強く求められているといえる。

　問題は，特別活動はその期待にどこまで応えることができるか，である。教師の特別活動への関心やその取り組み意欲は残念ながら，教科や他の教育領域と比べると一般的に低い。各学校とも学力向上に教育の重点が置かれ，他の活動に心を向ける余裕が少ないことに加え，特別活動は評価が厳しく問われないことや，誰にでもできるという安易さが教師の関心の薄さに反映されている。

　特別活動は，教科等の指導とは異なる，教師に期待される指導者特性がある。たとえば，教科の学習は，予め教師によって計画された学習であり，教師主導とならざるを得ない。これに対して，特別活動は，子どもの主体的な活動に指導の主軸があり，教師は子どもの活動の支援者であり，脇役でもある。このように，特別活動の指導者特性は，教科指導に典型的に見られる「教授者」ではなく，社会教育や生涯学習で見られる「調整者」としてのそれに近い（この点についての詳細は，相原・新冨編，2001を参照）。

　子どもの活動を側面から支援し，ねらいを達成するには，教師自身が特別活動の教育的価値を再認識するとともに，指導・支援に求められる知恵や技やアイディアを身に付けておくことが強く期待される。特別活動は誰にでもできる教育領域ではない。教科指導以上に総合力としての教師の力量が求められる。

（2）特別活動の目標：新旧学習指導要領の比較から

　では，学習指導要領の改訂の中で，特別活動は如何なる役割を演じ，如何なる展開が期待されているのか。

　まず，特別活動の目標の記述を，新旧学習指導要領の比較から見てみよう。

新学習指導要領（中学校）では，特別活動の目標として，「望ましい集団生活を通して，心身の調和のとれた発達と個性の伸長を図り，集団や社会の一員としてよりよい生活や人間関係を築こうとする自主的，実践的な態度を育てるとともに，人間としての生き方についての自覚を深め，自己を生かす能力を養う。」とある。新旧の比較でいうと，小中高とも目標の中に「人間関係」という言葉が新たに付加された。この点が最も大きな変化である。

子どもには発達段階による違いが存在するにもかかわらず，新学習指導要領では，特別活動の目標を示す文面は小中高ともごく一部を除き変わらない。例えば，小学校では，中学校の目標に示した「集団や社会の一員として」のうち，「社会」がなく，「集団の一員として」となっている点，高校の場合，人間としての「生き方」の前に「あり方」が加わり，「あり方生き方」となっている点に違いがあるにすぎない（この点については，旧学習指導要領でも同様である）。

新旧学習指導要領を比較するとき，小学校の目標には内容的な大きな変化が見られる。上述の中学校の目標のうち，後段の部分，「自己の生き方についての考えを深め，自己を生かす能力を養う。」は，小学校の旧学習指導要領には含まれていない。道徳の改善を踏まえ，道徳的実践の指導の充実を図る観点や，小学校から中学校への移行に際しての適応上の問題，いわゆる中1プロブレムに対応しようとする意図がここに反映されている。

小中高では発達上の違いがあるにもかかわらず，特別活動の目標に違いが見られないのは，指導の一貫性と系統性と組織性を重視した活動であるとの認識に由来すると考えられる。

特別活動の目標は以上見たとおりであるが，特別活動は3つ（中高のみ。小学校は4つ）の内容から構成されている。学級活動（高校ではホームルーム），生徒会活動（小学校では児童会活動），クラブ活動（小学校のみ），学校行事である。この度の学習指導要領では，各内容を通して身に付けることが期待される資質，能力が，それぞれ目標として明示された。たとえば，学級活動（小中）の目標は，「学級活動を通して，望ましい人間関係を形成し，集団の一員として学級や学校におけるよりよい生活づくりに参画し，諸問題を解決しようとする自主的，実践的な態度や健全な生活態度を育てる。」とある。特別活動

の目標に示した「人間関係」「自主的,実践的な態度を育てる」を受け,各内容の目標の中にも「望ましい人間関係を形成し」と「自主的,実践的な態度」の育成が示されている。特別活動の目標と,各活動,学校行事の目標との関連を明確にする観点からの措置である。これまで各活動,行事がそれぞればらばらに展開され,特別活動の目標が必ずしも達成されなかったことの反省に基づくものである。

　新学習指導要領に示された特別活動の成否は,各種の活動や行事を通して望ましい人間関係を構築し,子どもに自主的,実践的な態度や能力をどの程度身に付けさせることができるか,にある。特に,望ましい人間関係を如何に形成していくか。この点についての教師の理論的,実践的能力が,この度の特別活動の成否を占う重要な要素となるであろう。

（3）特別活動の特質

　特別活動の目標は,教科や道徳,総合的な学習の時間のそれと大きく異なる。その違いは,指導の方法・視点等にも反映されてくる。では,教科等と比べて,特別活動にはどのような特質が見られるのか。大きく4つに要約できる。

　第一は,「なすことによって学ぶ」を本質とする,実践的な集団活動である。集団活動は,特別活動の最も重要な方法原理でもある。特別活動の内容,例えば,学級活動は,学級を単位に展開される集団活動である。児童会や生徒会活動は学級や学年を離れて遂行される集団活動であり,学校行事となるとそのほとんどが全校単位で展開される。集団活動はこのように,学級単位の活動を基点にしながら,学年を超えた,異年齢集団による活動へと広がる。子どもは各種の集団所属を通して多様な他者と関わることから,自らを振り返り自分の個性を知るとともに,集団への所属感や連帯感を身に付ける機会にもなる。また,他者との多様な関わりや豊かな生活体験を通して,人間関係力を高める上で必要な能力や態度,所属する集団の充実・向上（生活づくり）に努めようとする態度,社会の一員としての自覚と責任感などを育てることを可能にする。

　第二は,子どもの思いや願いを大切にする活動である。特別活動は,子どもの興味や関心を重視した活動を通して満足感や充実感を保障するとともに,集

団目標に意欲的に取り組む実践的態度や能力の育成をねらっている。多くの子どもは授業の中で，失敗体験，屈辱体験，挫折体験を味わっている。子どもが自己成長するには，これらのマイナスの体験に負けないくらいの成功体験，充実体験，自己実現体験を必要とする。この種のプラス体験は，理想をいえば教科学習の過程でも保障されるべきであるが，そこには自ずと限界がある。この点からも，子どもの生活体験に根ざした，子どもの思いや願いを大切にする特別活動は，課題への動機付けや意欲の持続化に果たす役割が大きい。

　第三は，心身の調和のとれた発達をめざす総合的な活動である。特別活動は，心身の健康や安全，豊かな情操や意志，望ましい人間関係や自主的，実践的態度・能力など，全体としての人間の調和的発達をめざしている。この意味で，特別活動は総合的活動といってよい。ここでいう総合性とは，知的，技術的，身体的，また道徳的な力を総合的に働かせる活動であるとともに，一人ひとりの子どもの個性や特技等を集団活動を通して総合する活動でもある。

　第四は，教師の考えや技やアイディアが大いに発揮できる活動である。新学習指導要領では特別活動の全体的目標だけでなく，各活動や行事についても目標が定められ，実践の焦点化が図られている。それでも教科学習等と比べると自由裁量の部分が多く，教師の腕の見せどころとなる。個々の教師の豊かな体験やアイディアが発揮されれば，子どもの個性や社会性の発達のみならず，学級や学校の文化，学校の特色づくりにも大いに貢献することになる。逆の場合には，特別活動は形ばかりのものになり，活動や行事の単なる消化に転化する。

2　特別活動展開の方法的視点

　教育課程における特別活動の存在理由は，先に見た特別活動の目標や特質から明らかである。特別活動の目標や特質は視点を換えていえば，教育的意義でもある。目標や特質をふえんし，特別活動の教育的意義を整理すると，次の5つ，①個性・自主性の発達，②集団生活・社会性の発達，③個人的・社会的諸問題の解決，④遊び・表現活動の発達，⑤人間生活の感動体験，に要約できる（片岡，1990）。

これらの教育的意義は，各教科の授業や道徳，総合的な学習の時間の中にも少なからず存在するし，決して特別活動固有のものではない。しかし，他の教育分野に比べ特別活動に色濃くその意義が表れることは誰しも否定しないであろう。ここでは，特別活動の教育的意義を具現化する方法的視点について見ておきたい。

（1）個性の形成と社会性，連帯性の形成は矛盾しない

　特別活動は個性や社会性，また連帯性を培う沃野である。とはいえ，集団活動の実践が即，個性や社会性，連帯性の育成に結びつくものではない。集団や集団活動のとらえ方，指導の在り方によっては，個性や連帯性の形成と結び付かないだけでなく，子どもの発達の方向や質にもマイナスに作用してくる。

　わが国の特別活動は伝統的に，訓練主義と規律主義が横行し，外面的な統一と一致，いわゆる「そろえ」の教育に力点が置かれてきた。具体的な特別活動の展開に際して，多くの場合，集団や社会性の育成のみが全面に出て，一人ひとりの子どもの思いや願い（個性の表現）が大切にされてこなかった。このため，身体は仕方なく動くが，心が動かない集団活動となり，結果的に，集団目標を目指した，子ども同士の信頼関係に基づく結びつき，連帯性（感）を生み出す活動になり得なかった。

　個性や社会性，連帯性が育つのは，追求する集団目標とその意義が個々の子どもに共有・理解されるとともに，活動に際して個々の子どもの思いや願いが生かされ，役割分担や協力を通して目標に向かっているときに限られる。この点を失念してはならない。

　近年における個性重視の流れの中で，訓練主義的な特別活動はさすがに陰を潜めるようになった。しかし，一人ひとりの個や個性を育てる視点や方法はいまだに確立されていない。集団や他者を忌避する子ども，自己中心的な子どもが大量発生する中で，特別活動は個性をどのように形成しようとしているのか。

　われわれは通常，個の形成と集団の形成，また個性の形成と社会性の形成は矛盾したものと理解している。理論的には，個と集団は「相即不離」の関係にあり，個を生かすには，個をことさら大切にする集団が必要である。個を大切

にする集団の中で初めて,個性も社会性も育ってくる。個性と社会性はともにあるといってよい。

社会性を無視した個性の発揮はわがままである。特別活動の目標に示された「個性」の意味は,自己中心的な「閉じた個」ではなく,集団から認められ,集団の中で自らのよさをよりよく発揮し,他者と協調できる「開かれた個」(文部科学省『学習指導要領解説　特別活動編』〔2008〕)である。「開かれた個」を基礎に,その人らしいよさや価値に向かおうとする主体性を育てる。この主体性こそが個性の本質であり,特別活動ではこのような個性の形成を目指すべきであろう。

(2) 問題解決のための学習法の習熟

日常生活は問題解決の連続である。校種を問わず,子どもが所属する学校・学級の生活にあっても例外ではない。学級からゴミを出さないためにどうするか,学級の男女間の対立をどうするか,いじめを生まない学級にするにはどうすべきか,体育祭での学級としての出し物や文化祭における合唱コンクールの自由曲を何にするか,学校でのケータイ所持を認めるべきか,児童会や生徒会のマンネリ化や部活の問題をどう克服するかなど,学級や学校が知恵を出し合い解決が求められる問題や課題は枚挙に暇がない。

特別活動の主要なねらいの一つは,問題解決の手法の取得である。とはいえ,多くの場合,学校や学級に生起する問題を解決する知識や方法を子どもは身に付けていない。ここには,幼児期以来の子どもの遊び体験・仲間体験不足などが少なからず反映している。しかし,基本的には,個々の問題解決場面での教師の適切な指導や助言の欠如によるところが大きい。

問題解決学習はJ.デューイの「反省的思考」に基づく学習方法である。この学習法は,教師が課題を提示し,子どもが理解するという学習法ではなく,子どもの問題把握と解決へ向けての,思考を中心に据えた学習法であり,子どもの自発性や活動性がとりわけ重視される。このため,問題解決(反省的思考)がどの程度有効であるかは,子どもの経験(その蓄積としての知識・技術)の量と質に大きく規定される。

では、デューイのいう問題解決（反省的思考）学習とはいかなるものか。その具体的な手順をわかりやすく示せば、次のようになる。
① 問題を発見する——子どもたちが、自分の身の回りの生活や自然の中で「おかしいな」「ほんとかな」「こまったな」などの気づきから学習が始まる。
② 仮説を立てる——発見したり取り上げた問題に対して、子どもたちがその背景や原因を「こうではないか」「ああではないか」と、いろいろ予想や仮説や計画を立てる。
③ 実際に検証してみる——先に立てた仮説や計画に従っていろいろ実際に「当たって」みる。例えば、問題に関する種々の文献や資料、統計などを探ってみる。いろいろな人に面接をし、意見を聞く。アンケート票を作成して調査してみるなど。
④ 結果を考察・反省する——このようにして得られた種々の結果をもちより、比べ、まとめ、あるいは再び調べ、より確かな結果を求める。

　実際の場面では理論どおりに展開するケースは希ではある。子どもが問題発見能力や問題解決能力を身に付けるには、以上の問題解決の手順を繰り返し繰り返し体験させる以外にない。何よりもまず、教師自身が問題解決の手順を理解し、習熟しなければならないであろう。

（3）内面的充実を：遊びと子どもの文化への着目

　新学習指導要領には、遊びや子ども文化という言葉は出てこないが、特別活動のねらいに迫るには、遊びの要素や子ども文化の視点を軽視・無視することはできない。
　一般に学校には、子どもが関わり追求する活動内容に明確な価値の序列がある。楽しいことよりも苦しいこと、易しいものよりも難しいもの、軽いものよりも重々しいもの、低級なものよりも高級なものを重視する。活動の評価にしても、努力の過程を重視するとともに、とりわけ目に見える成果（見栄え、出来映え）に期待する。特別活動はもちろん、遊びではない。しかし、遊びの本質である楽しさや自由さを欠いた特別活動は、子どもの内からの充実を妨げることになる。

規律やルールを重視する学級づくりも大切であるが，まずは楽しさや喜びが溢れる学級づくりをめざしたい。たとえば，学級の係活動の一つとしてレクリエーション係を設置する。係のメンバーは楽しみの演出者として，学級のメンバーを相互に結ぶ種々の活動を企画し，準備し，遂行することになる。学級における人間関係の対立やいじめを生まないために，集団不適応の子どもの心を繋ぎ留める上で，さらに楽しみの人間的価値の共有とその価値の内面化（楽しみの道徳性の涵養）という観点からも，この係の存在とその果たす役割は大きい。得手不得手はあるが，この種の係活動をできるだけ多くの子どもに体験させたいものである。

特別活動は，教師の指導や援助を前提とするが，本来，子ども主体の活動である。主体的な活動は一般的に，楽しい活動である。体験が教えるように，子どもは楽しさを持続させ，倍加させるために，創意・工夫を凝らし，仲間との協同活動をとりわけ大切にしている。この事実が示すように，楽しさ（の追求）は，不真面目や面白半分とは本質的に異なる。

子ども世界の文化（遊びやその表現）を大切にし，子どもの内からの充実を保障する集団活動にするために，教師は次の視点を忘れてはならない。①子どもがやりたいことがやれる（解放性），②子ども自らが工夫（創造性）し，計画（責任性）する，③子ども個々人の間に協同性が見られる，④子ども集団をひとつにする（調和，統合性），⑤子ども自らが自己を見つめ，深める（内面性），⑥何よりも子どもと集団がそれ自体に没頭できる（集中性），活動の保障である（片岡編，1979）。活動の内容や性格にもよるが，少なくとも複数の項目が満たせるような特別活動を心がけたい。

大人の文化（学校大人文化）や価値を押しつけない，子ども世界の文化を尊重する教師の姿勢は，子どもの満足度を高めるだけでなく，子ども同士はもちろん，教師と子どもの信頼を生む人間関係の樹立にとっても不可欠である。

（4）感動を集団で創造する

特別活動は先に述べたように，その主たるねらいは，個性や社会性や連帯性の育成，問題解決能力や遊び・表現能力を高めるところにあるが，その教育的

意義の究極は「感動」にある。感動とは，自然的・社会的諸事象に遭遇した人間の，感極まった心の状態及びその表現を意味している。いうまでもなく，何に感動するかは，個々人の性格にもよるが，多くの場合，体験の量と質に規定される。無関心，無責任，無感動な若者像が指摘されて久しいが，この背景には，幼児期からの自然体験・社会体験・生活体験不足が深く関わっている。

海辺で夕日が沈むのを見て，自然の崇高さや美しさに心が動く子ども，他者から思いがけない親切を受け感謝の気持から胸が熱くなる子ども。このような，ある事象や出来事に価値や意義を見出し，心を動かすことができる子どもの育成は，「道徳」だけでなく，特別活動を含む学校教育全体の課題でもある。

しかし，特別活動では，感動を単に受動的に，また個人的に体験するだけでなく，感動それ自体を集団的に生み出す体験がとりわけ重要になる。この種の感動を可能にするには，教師の適切な指導・支援を基礎に，全員の子どもが集団活動の企画・運営に何らかの形で参画し，子どもの手で活動を創り上げることが前提になる。全員が集団活動の作り手であると同時に，全員がその享受者であるという関係が，子ども同士の連帯感を必然的に高め，感動を創造する強力なエネルギーに転化する。

大学での「特別活動」の授業で，小中高の学校生活全体を通して最も心に残っている思い出を書かせると，ほとんどの学生は特別活動の思い出を綴っている。その中で「合唱コンクール」の思い出が極端に多い。その理由はほぼ共通している。自由曲を学級で考え決定するプロセス，練習過程でのトラブルとその克服，心が一つになった当日の合唱，そして審査結果。目的に向かって学級が信頼関係で結ばれ一つになっていく比較的長期に渡る努力体験と，はらはらどきどきの審査結果への期待である。

コンクールでのよい結果が学級の全成員に感動をもたらすことは理解できる。しかし，興味深いことに，コンクールでよい成績を獲得できなくても学生の多くは感動を体験している。ここには，目立たないが，教師の配慮がうかがえる。子どもの練習の過程やトラブルの解決を側から見てきた教師の，温かいねぎらいの言葉と努力に対する励ましの評価である。教師の励ましとねぎらいの言葉に子どもの感情，思いが一気に爆発し，感涙が溢れる結果となっている。この

種の感動は，授業やその他の活動の強力な動機付けになるとともに，後々まで記憶に止まり，子どもの心の糧となり成長のバネとなっている。

いうまでもなく，特別活動は，感動体験や感動の創造それ自体を目的にするものではない。奇をてらう活動で瞬間的に子どもを感動させることは可能かもしれない。しかし，特別活動が期待する感動はこの種の感動とは無縁である。子ども自らが計画し，立案した集団目標に仲間が協同して取り組み，その過程で遭遇するトラブルを克服し，結果として目標を達成する，この一連のプロセスが感動を生む契機となる。感動をこのように理解すると，活動の仕組み方や教師の支援の在り方によって，多くの子どもに感動体験や感動を創造する体験を保障することが可能になるであろう。

3　特別活動の教師に求められる力量

新学習指導要領では，校種を問わず，特別活動全体の目標と，各内容や学校行事の目標の中に「人間関係」という言葉が明記された。また，学級活動（小・中）とホームルーム活動（高校）でも「生活づくり」という言葉が導入され，学級を中心とした活動の質的向上が求められている。「人間関係」をベースに，子どもの「生活づくり」を大切にした特別活動の展開への期待である。

では，教師は特別活動への期待に如何に応えていくか。以下，3つの観点から，求められる教師の力量について指摘しておきたい。

（1）望ましい人間関係づくりは学級づくりとの関連で

特別活動は集団活動を特質としている。したがって，望ましい人間関係のないところにその成果を期待することはできない。望ましい人間関係づくりは特別活動の各活動や行事で実践されるが，その原点は学級である。望ましい人間関係は主として，学級づくりの中で，学級づくりを通して形成される。

学級づくり（学級経営）の主要なねらいは，学級成員一人ひとりの個性や人権の尊重と，学級集団の統合を実現するところにある。このねらいを実現するには，長期にわたる計画的な方法・手だてを必要とする。その実践的道筋をス

ローガン的にいえば，所属集団の準拠集団化である。準拠集団化とは，子ども自身の関心や思いとは別に編成され配属された集団（学級）を，時間の経過とともに，子どもの心の拠りどころとなる集団（学級），個々の子どもの考えや行動の基準を示してくれる集団（学級）にしていくプロセスである。視点を変えていえば，学級づくり（学級経営）は，安心と信頼の人間関係を創り出し，個々の子どもの，学級（集団）への身体の所属だけでなく，心の所属を保障していく営みである。「仲間が好き。先生も好き。この学級でずっと勉強したい」。学級への心の所属とは，このような子どもの心情や態度を意味している。

　子どもの心の所属を保障し，人間関係の質を高めるには，安心して自分の考えや思いが表現できる学級の雰囲気（支持的風土）づくりとともに，グループで活動する機会をどれだけ多く設定するかにかかっている。教師の力量が厳しく問われるところである（学級づくりの方法等に関する詳しい説明は，第11章参照）。

（2）人間関係づくりは教科の授業の中でも

　ところで，学校教育の中で人間関係が大切になるのは，特別活動だけではない。学校教育におけるほとんど全ての学習や活動は集団場面で展開されており，学級（集団）の人間関係を無視しては教育それ自体が成立しない。一般的に，子どもの学力や意欲は，学級集団における人間関係の質やあり方に大きく影響を受ける。教科や道徳等の教育分野では，人間関係づくりそれ自体が目標にはなり得ないとしても，望ましい人間関係の存在はねらいを達成する上での重要な教育条件となっている。

　学級づくりは，教科や道徳等の授業の一側面をも成している。この点の理解は特に重要である。学級の中にいじめや男女間の対立，学力低位の子どもに対する蔑視や教師への不信などが存在する場合，授業の成果にマイナスに作用するだけでなく，極端な場合には授業崩壊，学級崩壊に発展する。この現象は，特別活動における学級づくりの不備や失敗に由来するところが大きい。しかし，それだけが理由ではない。信頼の人間関係は，一朝一夕にできるものではないし，学級活動やホームルーム活動だけで形成できるものでもない。子どもが一日のうちで最も多くの時間を費やすのは授業である。この意味で，授業の中で

の信頼の人間関係づくり,信頼の人間関係づくりを視野に収めた授業展開の在り方が模索されなくてはならない。

　特別活動では,望ましい人間関係を育成する観点から協同的,協力的な活動が重視される。ところが,授業では,特に中学校以上になると,多くの場合,競争的人間関係が支配し,特別活動で培われた信頼の人間関係を逆に壊す機会にもなっている。この矛盾を克服する上でも,授業のねらいや内容に応じて,信頼の人間関係を生み出し,学習の質を高める学習法「学び合い,支え合い,認め合い」の学習,いわゆる協同の学びを取り入れた授業の展開が望まれる。

（3）教師に求められる「話し合い」の指導能力

　特別活動の成果や効率性を高めるために,教師にとりわけ求められる能力や技がある。「話し合い」の指導能力である。特別活動は集団活動を特質としている。集団を構成する個々の子どもの思いや願いを生かし,ねらいに迫るには,話し合い活動が大前提となる。多くの事例が証明するように,子どもの「話し合い」能力とその質が,諸活動の成果や効率性を大きく左右している。問題解決学習にあってもしかりである。

　話し合いの大切さはどの教師も知っている。しかし,校種や学年を問わず,子どもの話し合い能力は一般にきわめて低い。教師の適切な指導がなされてこなかったこと,いや,教師の指導能力の低さに由来するといっても過言ではない。発達段階にもよるが,話し合いの必要性,話し合いの形式,話し合いに求められるルールや雰囲気,全員参加の話し合いの在り方などについて,集団活動に入る前に,また,話し合いの過程で,細やかな支援や指導が求められる。そして,話し合いに基づく実践の後でも,その成果を振り返り,新たな課題へ向けた話し合いに反映させる,このサイクルを忘れてはならない。話し合い能力は,一度や二度の指導・手だてで身につくものではない。繰り返しを前提とした,ふだんの練習・訓練が不可欠となる。この過程を抜きにしては,特別活動の質も成果も高まらない。子どもの話し合い能力の育成は,特別活動の効率性を高めるだけでなく,子どもに内からの充実を保障する重要な手だてとなる。

　これまで,人間関係づくりや話し合い活動を含む学級づくりは,多くの場合,

担任教師の考えや体験に任され，その方法も手法も教師により大きく異なっていた。これが，また，子どもや親の不満を生む要因でもあった。学級づくりの方針や展開に際しての基本的な方法・技術に関しては，個々の教師の体験や思いを尊重しながらも，学校経営の一環として全校的な合意が必要である。特別活動の成果の蓄積と効率性を保つ観点から，また，授業や道徳等の成果を側面的に支援する上から，少なくとも同学年単位では，同じ方法・手法で展開され，学級間格差を生まない努力が求められる。

新学習指導要領に明示された特別活動の目標を絵に描いた餅に終わらせてはならない。教師は，特別活動の特質や教育的意義を再認識するとともに，活動の展開に際して求められる種々の知恵や技を獲得し，それに磨きをかける努力を怠らないようにしたいものである。

　　学習課題
（1）　学校教育の中で，なぜ，特別活動が必要なのか。特別活動の教育的意義から説明できるよう，整理しておこう。
（2）　望ましい集団活動は，社会性や連帯性の育成だけでなく，個性の育成にも不可欠であるといわれる。なぜ，そうなのか，話し合ってみよう。
（3）　特別活動の成否は，子どもの話し合い能力に規定されるといわれる。話し合い能力を高める方法や技術について調べ，自らがその能力や技を身につけよう。

参考文献

相原次男・新富康央編著『個性を開く特別活動』ミネルヴァ書房，2001年。
片岡徳雄『特別活動論』福村出版，1990年。
片岡徳雄編著『学校子ども文化の創造』金子書房，1979年。
高旗正人・相原次男編著『「生きる力」を育てる教育へのアプローチ』黎明書房，2002年。
文部科学省『小学校学習指導要領解説　特別活動編（平成20年8月）』東洋館出版社，2008年。
文部科学省『中学校学習指導要領解説　特別活動編（平成20年9月）』ぎょうせい，2008年。

（相原次男）

第2章 特別活動の方法
——集団活動と体験活動

　2008（平成20）年3月に小学校及び中学校，2009（平成21）年3月に高等学校の学習指導要領が告示されたが，本章では，この新しい学習指導要領を踏まえながら，特別活動の方法を考察する。第一に，特別活動は，教科や道徳と比べると，集団活動を通して児童・生徒一人ひとりの個性の伸長等の人間形成を図る点が方法的な特質になっていること。そこで，特別活動の方法的な特質ともいえる集団活動と体験活動を取り上げた。第二に，方法としての集団活動に関して，集団活動の教育的な意義と効果及び望ましい集団活動の要件を検討し，さらに，望ましい集団活動を実践的，具体的に進めるための方法として，話合い活動の方法及び小集団（班）の編成と活用について提示している。第三に，方法としての体験的な活動に関して，体験的な活動の重視及び体験的活動の意義を検討している。特別活動は集団活動とともに，実践的な活動を特質としている。実践活動とは，実際になすこと，つまり「なすことによって学ぶ」ことを通して特別活動の目標を達成しようとすることである。

1　特別活動の方法

　特別活動の指導を，教科や道徳の指導と対比してみると，少し特徴がある。それは学習指導要領における特別活動の目標を定めた冒頭の文言に端的にあらわされている。特別活動の目標は小・中・高等学校とも「望ましい集団活動を通して」という文言で始まる。この「望ましい集団活動を通して」諸活動を展開し，目標を達成していくことが特別活動の特質及び方法原理である。特別活動以外の教科や道徳の指導は，必ずしもすべての活動の指導が集団活動を通して行われるわけではない。
　では，なぜ特別活動は集団活動を方法原理とするのか。なぜ教科等の授業時間にみられる，個別指導や一斉指導といった方法があまり用いられないのか。

その理由は、教科の授業では、知識の理解や技能の習得が授業のねらいや目標となる場合が多いことによる。つまり、授業のねらいや目標の特質が授業の方法を決めている。教科の授業を例にとれば、どのような授業の方法を採用するか。たとえば、教師の説明を主に授業を進めるか、あるいは、教師が説明を簡単に行った後にプリントを用いたドリル学習を主にするかなど、さまざまな方法や手だてが考えられるわけである。

　教科の授業では、集団活動である、子ども同士の話合い活動が用いられる場合もあるが、教師の説明や説話が主になるのが一般的であろう。とりわけ、学年進行につれ、また、小・中・高等学校と学校段階が進むにつれてその傾向は顕著になる。

　他方、週1時間の設定がなされている学級活動（ホームルーム活動）の授業では、教師主導の個別指導や一斉指導といった方法は少ない。特別活動でよくみられる活動は、子どもの話し合いであったり、発表であったり、行事等の企画・立案の活動であったり、調べ活動等である。つまり、子どもの自主的、実践的な活動が展開されるところに特別活動の特色がある。教科の授業のような個別学習やドリル学習といった個別形態の授業のやり方はとられない。

　もちろん、学級活動（ホームルーム活動）の授業も、教師による個別指導がみられないわけではない。うまく活動ができない子どもには個別指導は必要である。たとえば、話合い活動の場面で、司会の役がうまく意見を引き出せない時には、教師が何らかの支援を行う。あるいは、議題とは関係のないことに夢中になる子どもには、議論に集中させる、参加を促すなどの手だてを考える個別指導必要である。特に、特別活動では、生徒指導、進路指導、ガイダンスの機能の充実が求められており、特別活動の充実のためには個別指導は重要である。しかし、特別活動の特質が集団活動をより重視することを考えると、集団場面での指導の在り方が大きな課題となる。学級や学校全体など、集団活動がさまざまな単位でなされるが、そうした指導をどう進めるかが課題である。

　たとえば、主に学級を単位として行われる学級活動（小・中）やホームルーム活動（高校）。学級内での小集団（班）を単位として行われ、生活の向上を図る係活動。また、学級や学年の枠を超えて主に学校を単位として行われる学

校行事とか児童会活動や生徒会活動。さらには，地域の人々を巻き込み，地域にでかける各種の活動（ボランティア活動，社会的活動への参加・活動，交流活動など）など，さまざまなレベルで集団活動が展開されている。

　特別活動は，多岐にわたる活動内容に対応し，集団の規模を変えて，さまざまな集団活動を体験させることをめざす。こうした集団活動を通して，対人的なかかわり（相互作用）を理解でき，他者との人間関係を形づくり，望ましい規範や社会的ルールを習得し，他者と協力してよりよい学級や学校生活を築くことを期待する。集団活動の充実なくして，特別活動の成果は生まれないと考えている。

　以上のことから，特別活動の方法を整理して考えると，次の2つが主なものとなる。1つが集団による活動，集団に所属しての活動といった方法である。もう1つが，実践的な活動といった方法である。実際の生活体験や経験活動を通しての学習である。以下，この2つの方法をもう少し詳しくみていこう。

2　方法としての集団活動

（1）集団活動の意義

　集団活動とはどのような活動なのか。まず，集団の意味からみていく。『新教育社会学辞典』(1986) によると，集団とは「二人以上の成員の間に共通目標と共通の規範とわれわれ感情があり，ある程度安定した相互作用（相互行為）の継続を可能ならしめるような，組織性のみられる社会的単位」である。この定義から，集団の要件として次の5つが考えられている。すなわち，①成員（メンバー）の間に共通の目標や関心ができること，②一定の役割分化に基づく組織性，③成員の行動や関係を規制する規範，④統一的なわれわれ感情，⑤相互行為や社会関係の持続性と安定性。

　ところで，学級やホームルームに所属することで，学校での生活が始まるが，当然，学年（年次）のはじめには学級や学校が集団の要件を充たすまでには至っていない。ただ単に所属しているだけの集団であり，烏合の衆とか群衆に近い集団のレベルである。この状態を所属集団と呼ぶ。そして，学習や生活に

かかわるさまざまな活動に取り組む中で，集団の要件が充たされていく。このことを集団づくりと呼ぶ。たとえば，メンバー（子ども）が目標や関心を共有していない状態では，集団の要件を備えているとはいえない。そこで，学級としての目標や関心を共有化していく活動に取り組む必要がある。学年や学期はじめの学級活動の時間における学級目標づくりは，学級で最初に取り組む集団活動である。そして，集団の要件を備えた集団をめざすことを学級の準拠集団化と呼ぶ。つまり，集団づくりとは，集団活動を通して，所属集団を準拠集団に変えていくこと（準拠集団づくり）である。

さて，集団活動の意義ないし効果としては，何が期待されているか。集団活動を行うこと，すなわち，小集団を編成し活動を展開することには，次のようなことがあるだろう。

  1つは，メンバー相互の理解が早くしかも深くなる。（相互の理解）
  2つは，メンバーそれぞれが創意・工夫しやすい。（創造性の育成）
  3つは，メンバーの個性をいっそう伸ばしやすい。（個性の発揮）
  4つは，小集団でも，学級（あるいは学校全体）でも，協力が進み，まとまりやすい。（協同・まとまり）
  5つは，学校での学習や生活が教師や他の者から与えられるものではなく，自分たちのものだ，という自覚が生まれやすい。（自主性の育成）

以上のねらいやよさは，集団活動を行えば無条件に生まれるというものではない。集団活動の方法（取り組み方）しだいでは，期待したほどよさが生まれなかったり，逆に，予期しないマイナスの効果があらわれることにも注意したい。

（2）望ましい集団活動とは

「望ましい集団活動を通して」という文言にあるように，すべての集団活動が望ましいわけではない。集団活動を行うことによって，逆に，人間関係が過度にぎくしゃくしたり，解決困難な軋轢が生まれたり，いじめが起こるようでは逆効果である。横並びの集団活動（効率や能率の低下）とか，低空飛行の集団活動（意欲の低下），他人任せの無責任な集団活動と揶揄されるような現象が起きるようでは，むしろ集団活動を行わない方が良い。

集団活動の指導には，こうした問題が起きやすいために，常に「望ましい集団活動」とはどのような集団活動であるか，また，どのようにすれば望ましい集団活動が生まれるか。教師には常に集団活動の指導においてその集団観や指導観が問われる。教師は創意工夫し，集団活動の指導に取り組む必要がある。

では，特別活動の目標となる「望ましい集団活動を通して」という場合の「望ましい集団」とは，学習指導要領の中では，どのように考えられているのか。

小学校学習指導要領解説では，望ましい集団活動の要件を次のように説明している。一般的に，次のような条件をもつものと考えている。

ア　活動の目標を全員でつくり，その目標について全員が共通の理解をもっていること。

イ　活動の目標を達成するための方法や手段などを全員で考え，話し合い，それを協力して実践できること。

ウ　一人一人が役割を分担し，その役割を全員が共通に理解し，自分の役割や責任を果たすとともに，活動の目標について振り返り，生かすことができること。

エ　一人一人の自発的な思いや願いが尊重され，互いの心理的な結び付きが強いこと。

オ　成員相互の間に所属感や所属意識，連帯感や連帯意識があること。

カ　集団の中で，互いのよさを認め合うことができ，自由な意見交換や相互の関係が助長されるようになっていること。

また，中学校及び高等学校学習指導要領解説では，望ましい集団活動の要件を次のように説明している。「基本的には，特別活動の目標に示されているような発達をすべての集団の各成員に促していくものでなければならない。特に集団の各成員が互いに人格を尊重し合い，個人を集団に埋没させることなく，それぞれの個性を認め合い，伸ばしていくような活動を行うとともに，民主的な手続きを通して，集団の目指すべき目標や集団規範を設定し，互いに協力し合って望ましい人間関係を築き，充実した学校生活を実現していくことが必要である。これに対して，少数が支配する集団活動，単なるなれ合いの集団活動

などは，たとえその集団内の結束が固く，一見協力的な集団活動が進められているようであっても，望ましい集団活動であるとはいえない。」

この解説からも，望ましい集団活動の要件として，1つは，集団の各成員が向上的であること，もちろん，集団や人間関係が向上的であることを求めている。なれ合いの集団活動に陥っては活動の成果は期待できない。よくなろうとする意欲の高まりが期待される。2つは，集団の各成員の関係が支持的でなければならない。特定の成員だけが活躍し，成員の間に命令と服従，支配と被支配といった関係が生じてはいけない。望まれるのは信頼と支持の関係が築かれることである。3つは，閉鎖的でなく，開放的な集団や人間関係が求められる。誰とでも協力でき，自分の思いを表現し実現させることができる機会が保障された集団活動が求められる。

なお，望ましい集団活動の要件を，集団風土（集団の雰囲気）の概念との関係でみると，支持的風土（supportive climate）と名づけられている概念に近い。すなわち，支持的風土とは，次のような特徴をもつ。ア 仲間との間に自信と信頼がみられる。イ 何でもものの言える楽しい雰囲気。ウ 組織として寛容と相互扶助がみられる。エ 他の集団に対して敵意が少ない。オ 組織や役割が流動的である。カ 目的追求に対して自発性が尊重される。キ 積極的参加がみられ，自発的に仕事をする。ク 多様な自己評価が行われる。ケ 協同と調和が尊重される。コ 創造的な思考と自律性が尊重される。

集団活動を通して，支持的風土を作ることが大切となる。この支持的風土を形成していく，実践的な方法と観点をあげると，1つは，相手の身になり，相手の立場に立ち，相手の考えや思いをくみとる態度を育てること。2つは，相手の考えや行動の中に長所を探すこと。欠点を指摘するよりも，良いところを伸ばそうとする態度を育てること。3つは，相手のまちがいや失敗を笑ったりばかにしない態度を育てること。教室の中の自由やはみ出し，そして創造性の芽を大切にする態度を育てることなどが求められる。

（3）話合い活動

特別活動では，学級活動をはじめ各種の活動場面で，話し合いの場面が多い。

このため，話し合いの技術や方法を子どもたちが身につけることが大切となる。たとえば，発表のし方，メモやノートのとり方，司会や書記のし方，班の意見や考えを学級全体に発表するし方など，話す，聞く，書く，読むなどのコミュニケーション技術の基礎・基本の習得に関することである。

　小集団（班）で話し合いをおこなう場合，学級全体での話し合いに比べて，人数が少ないために気楽に話し合え，個人の発言の機会も増える。だが反面，意味のない「おしゃべり」になりやすく，時間がかかる割には，話し合いのねらいや課題の達成が効率的に進まないといった批判もよくされる。また，小集団（班）で話し合いをするということを，みんなの意見を何か1つの意見にまとめることだと思い込んでいることも多い。1つにまとめる話し合いもたしかに必要な場合もあるが，意見の集約をはかることだけが話し合いではない。まとめる話し合いに終始すると，自分の意見が生かされないから嫌だという子どもが当然でてくる。また，「班で話し合いなさい」という指示だけを繰り返す教師も多い。この指示だけでは話し合いはうまくいかない。

　では，話し合いをどう進めたらよいのか。思考の性質に着眼することによって，効果的な話し合いが期待できる。思考の性質は生産的思考と再生産的思考に分かれる。さらに，生産的思考は，発散的思考，収束的思考，収斂的思考の3つに分けることができる。

　1つは，考えを出し合い，集める（発散的思考）話し合い。話し合いのもつよさの1つが，自分ではなかなか思いつかないような考えが他の人から出されたり，また，そうした考えに触発され，それをヒントにして，自らも少し違った考えを発想できることも多い。そして，話し合いをより豊かにするには，当然，考えや情報をなるべく多く集め，互いに出し合うことが大切である。そこで，どのような考えや思いつきや情報にも，話し合いの場面では，ばかにしたり，批判したり，優劣をつけたりしないことが大切になる。多く出し合うために創意工夫することが，話し合いを豊かにする。

　2つは，考えをまとめ，たばねる（収束的思考）話し合い。これは，考えを出し合い，集める話し合いの次にくる場合が多い。この話し合いでは，出された多くの考えや情報を，それぞれ比較し，関係づけ，取捨選択する，といった

ことに焦点づけて行う。集められたいろいろな考えの異同を明らかにしていく，よく似た考えを集め（まとめ）それをくくる言葉を考える，自分の考えと他の人の考えとがどのようにかかわっているかなどが中心となる。

3つは，正しい考えを突きとめ，求める（収斂的思考）話し合い。この話し合いでは，正しい解答をした者と間違った解答をした者とをはっきりさせる。どこが間違っているかをはっきりさせる。そして，間違った解答をした者にわかるまでよく説明するなどが中心となる。

4つは，おぼえる，なれる，みかえす，確かめる（再生産的思考）話し合い。これは話し合いというよりも小集団活動といった方がよい。おぼえる，なれる場合は，話し合いよりも，身体を動かしたり書いたりすることが有効である。

ところで，話合い活動で重要なことは，自分と他の人との考えのかかわり（比較，対照，関係づけなど）で，自分の考えを変容させたり，自分のまちがいに気づいたり，自分の考えをさらに発展させるといったことである。相手の立場よりも自分の立場があらかじめ優位であることを前提に，自分の考えを無理矢理主張するだけのディベート形式の話合い活動では，話し合いの方法としては不十分である。勝ち負けの結果だけを重んじ，相手の意見に反対し，力ずくで論破すればよいといった態度では，集団での思考は深まらないし発展もしない。

話し合いのタイプには，大別すると，判断力を育てる話し合い，批判力を育てる話し合い，発想力を豊かにする話し合い，理解を深める話し合いがあろう。どのような能力を育てることをねらいとした話し合いかを十分に吟味し，理解したうえでないと，話し合いの効果は乏しい。確かに，勝ち負けや優劣を競うことに重きをおく話合い活動は，他者の立論への批判力を育てる点では効果的であろうが，その他の能力を育てることへの貢献はさほど多いとはいえない。

（4）小集団（班）の編成と活用

学級の中に小集団をどう編成するか。これはたんに技術的なレベルの問題にとどまらず，集団活動のねらいである子どもの自主性，創造性をどう生かせるか。また，個性の発展をどう図っていくかという問題と深く関連している。

一般的には，次の3つの編成方法が考えられる。1つに，くじ引き，または座席順など，偶然にまかせてつくる方法。2つに，教師がリーダー（予定者）や問題をもつ子どもを配慮し指名してつくる方法。3つに，分担すべき仕事を中心に，子どもの希望を優先させてつくる方法。

この中で，偶然による方法は，子ども相互の理解を深めるという点では意義があり，とくに初期の段階で有効な方法である。また，だれとも理解し合い協力できる小集団を組めることをめざすという点では，最終的な方法となる。教師の指名による方法は，教師がさまざまなデータに基づいて編成するので，一応まとまりのある小集団ができる。仕事を中心とする編成方法は，仕事の内容とか，係の種類によって編成するので，活動内容に子どもが興味や関心をもって積極的に取り組むことを期待できる。

次に，集団内での仕事の分担をどのように考えるかという問題も重要である。たとえば，美化班，図書班，新聞班などの学級文化の向上のための小集団とか，日直や掃除当番などのように順番にあたるような当番的な小集団をつくることは，学級での集団活動をスムーズに展開できるだけでなく，この小集団での活動により，子どもたちの自主性，創造性，個性の発揮が期待される。

そこで，重要となるのが，役割の決め方であろう。係や分担した仕事（役割）を遂行することを通じて，子どもたちの指導性（リーダーシップ）や役割意識を育て，集団活動のよさを学ぶことが期待される。このために，一部のリーダーにかなう者を固定的にとらえ，特定のリーダーと多数のフォロアーという関係で集団のメンバーを考える立場をとらない方がよい。

周知のように，集団におけるリーダーシップとは，集団の共通の目的を追求するために，他のメンバーを指導・統制する働きである。このように定義すると，集団のリーダーには次のような条件が考えられる。すなわち，第一に，その集団の特定の目的やその目的達成の方法に詳しいこと。第二に，集団のメンバーがリーダーを認めていること。こう考えると，リーダーシップとは，個人の有する特性というよりは，集団の機能や過程に関わるものであるから，すべてのメンバーは，何らかの場面（活動）で，ある程度リーダーシップをとることができる。また，場面（活動）が変わるとリーダーシップも変わってくるこ

とが考えられる。

「一人一役」という考え方がある。40人学級であれば，40人を機械的にすべて違った役割（係）につけるということではない。2人で同じ役割（係）をしても当然よい。役割（係）をすべての者が担い，その役割遂行を通して責任感や連帯感，集団活動を実践する能力をともに育てていくことが望まれる。この「一人一役」という考え方を発展させて，役割の輪番制の導入も望まれる。たとえば，お互いが分担した係の仕事について気をつけ合うとか，他の人の係をいつか自分もすることになるのでよくみておくとか，他の係の仕事との関連をはかりながら自分の分担した仕事を行うとか，自分が分担した仕事を創意工夫してより豊かにしていくとか，自分が係としていろいろ工夫したことを次にその係につく人に教えてあげる，といった活動が有効となる。

3　方法としての体験活動

(1) 体験活動の重視

　新しい学習指導要領では，特別活動の方法として体験活動の充実がとくに求められている。もちろん，これまでも「なすことによって学ぶこと」という考え方は特別活動の方法原理であり，「豊かな学校生活を築くとともに，公共の精神を養い，社会性の育成を図るという特別活動の特質」から，体験活動への期待が大きい。特別活動の分野での実施だけでなく，総合的な学習の時間での積極的な推進をはじめ，教育課程全般にわたり体験活動の充実を求めている。

　2008（平成20）年1月の中央教育審議会の答申「幼稚園，小学校，中学校，高等学校及び特別支援学校の学習指導要領等の改善について」において，教育内容に関する改善事項が示されているが，特別活動の改善の基本方針の一つが体験活動の充実である。すなわち，「好ましい人間関係が築けず社会性の育成が不十分な状況」がみられることから，「それらにかかわる力を実践を通して高めるための体験活動」を重視する。これに加えて，言語活動を充実する観点から，「特に体験活動については，体験を通して感じたり，気付いたりしたことを振り返り，言葉でまとめたり，発表し合ったりする活動」を充実するよう

な工夫を求めている。つまり,「体験と言語」のかかわりの重要性にも着目している。

さて,特別活動の中で体験活動への期待が大きいのは学校行事である。それを学校種別にみておく。小学校では,「集団への所属感や連帯意識を深めつつ,学校の仲間や地域の人々とのかかわり,協同の意義,本物の自然や文化の価値や大切さを実感する機会をもつことが重要である。これらのことを踏まえて,自然の中での集団宿泊体験や異年齢交流なども含む多様な人々との交流体験,文化的な体験などを重視する」観点から,内容の改善充実を求めている。

中学校では,「集団への所属感や連帯意識を深めつつ,学校や社会の中でのさまざまな人とのかかわり,生きること働くことの尊さを実感する機会をもつことが重要である。また,本物の文化に触れ,文化の継承に寄与する視点をもつことが必要である。これらのことを踏まえて,職場体験,奉仕体験,文化的な体験などの体験活動を重視する」観点から,内容の改善充実を求めている。

高等学校では,「集団への所属感や連帯意識を深めつつ,社会的自立や社会貢献を念頭に置いた体験活動,実社会の中で共に生きること働くことの意義と尊さを実感する機会をもつことが重要である。また,本物の文化に触れ,文化の継承,創造に寄与する視点をもつことが重要である。これらのことを踏まえて,奉仕体験,就業体験,文化的な体験などの体験活動を重視する」観点から,内容の改善充実を求めている。

今回の学習指導要領では,特に体験活動を重視する方向がみられるが,こうした動きは,前回の学習指導要領の改訂の基本的な考え方にも沿っている。また,2002(平成14)年7月の中央教育審議会の答申「青少年の奉仕活動・体験活動の推進方策等について」では,学校や地域で体験活動をどう進めるかといった社会的なしくみづくりが課題となり,その後,学校や地域でこうした活動の広がりがみられる。たとえば,文部科学省が青少年の体験活動の諸事業を展開するだけでなく,農林水産省においても生活体験に関わる「子ども農山漁村交流プロジェクト」事業を実施し,体験活動への関心を高めている。

（２）体験活動の意義

　今日の体験活動への期待は，子どもを取り巻く環境の変化によるところが大きい。すなわち，まわりの他者と人間関係を築けないといった社会性が不足している子どもとか，自然や社会に関心が乏しく，物事に能動的に取り組む意欲が不足している子どもが増えているといった現状認識にもとづく，子どもの成長のあり方にかかわる問題への関心の高まりが，背景にある。たとえば，今日の子どもは，テレビ，マンガ，ゲーム，携帯などへの関心は高いけれど，他者への関心は低い。友だちや親友をつくりたい思いは強いが，うまくいかず，孤立している。身近な動植物などの自然への自発的な関心が乏しい。容易に人間関係を築けないために不登校，引きこもりや孤立しがちな子どもが増えている。

　体験活動への関心は，こうした子どもの社会性の育ちの不十分さとか，物事に取り組む意欲の不足を問題だと捉えて，その改善に資する方策としての期待である。確かに，自然に触れる体験をもたずに育つ子どもが自然に対して興味や関心をもつことは少ない。友だちや大人と交わらずに孤立しがちな子どもが社会性が豊かであるとはいえない。社会への関心が乏しく，職業が個人にとって，社会にとって，どのような意味をもつかを理解できなければ，職業選択を考えさせる機会を設けても機能しない。つまり，体験活動の乏しさは，自然や社会を含めたあらゆる物事についての理解の乏しさとか，自分の問題としての理解の困難性と深いかかわりがある。

　では，体験活動に取り組むことには，どのような意義や意味があるのか。

　1つは，体験活動は，受け身の活動でなく能動的な活動である。頭だけでの理解でなく，身体全体を使った取り組みであり，五感を使って，驚きあり，感動ありといった活動によって，より深いレベルで意味や意義の理解が期待できる。しかも，一人で行う個人的な活動としてではなく，他者との関わりの中で行われる場合が多いために，社会性を同時に育てるという特徴がある。

　2つは，体験活動では具体的な事物や地域の人々との関わりをもつために，自然や社会の現実に触れる機会となる。しかも，自ら主体的に活動に取り組む中で失敗体験や成功体験を重ねるなど，試行錯誤を行いながら，活動を通して自然のすばらしさや厳しさ，地域でのさまざまな人たちの実際の生活，そして

社会のあり方などを学ぶことができる。

3つは，体験活動は，具体的，実践的であるが，この体験活動の豊かさはイメージやイマジネーション（想像）の豊かさを生みだすもとになる。このイメージやイマジネーション（想像）は創造性と深く関わっており，子どもの創造性や創意工夫を促す活動となる。体験活動は創造性に対してもつ意義が大きい。たとえば，頭のなかだけで理解するボランティア活動よりも，自らが自主的に取り組むボランティア活動は，他者との関係づくりに際して，他者への理解を深め，自ら創意工夫を重ね，豊かなボランティア活動として発展させることもできる。

（3）体験活動の活用

体験活動は，自分の身体を働かせて行う活動である。五感を働かせて，自分の外の世界に働きかける活動である。たとえば，稲の育ちについては，理科の授業で客観的な知識を得ることができる。育つための肥料，日照時間，天候や発芽の時期，稲に付く害虫の種類など生育の諸条件とか，稲の種類や稲を栽培している地域などの知識を得ることができる。こうした知識は大人であれば誰もが習ったことである。もちろん，一度も稲を栽培した経験のない大人も知識としては学校で習っている。むしろ，稲を育てた経験のある大人が少ないのが現実である。ではなぜ，わざわざ時間をかけて，適当な時期を見計らい，田植えや稲刈り等の体験活動を取り入れようとするのであろうか。客観的な知識を得るのであれば，教室での理科の授業で十分ではないのか。

それは，授業中の教師の説明を聞くだけでは得られ難い理解ができるからだ。たとえば，稲の成長を視覚を働かせて観察し，田んぼを渡る風の音を聞き，稲に近づく害虫を除き，自分の手で稲穂を刈り取り，脱穀精米した米に触れ，調理に取り組み，みんなでおいしく食べるといった体験によって，体験前には当たり前にみえていた，稲の成長への理解は深く，違ったものになる。確かに，体験を通して得た理解は，書物から得る知識よりも，深い理解となる場合が多い。ものの見方も深まりやすい。体験を通して，物事への興味や関心が高まることは多くの人が経験することである。

しかし他方で，体験活動をもっと取り入れようとする動きが必ずしも大きいとはいえない。なぜか。それは学校（教育）という枠組みの中で，時間と教育の効率という課題を容易に解決できないからであろう。確かに，体験活動を取り入れると子どもの対象（物や事）への理解は深まり，それへの興味・関心が生まれ，物事や課題に取り組む意欲は高まる。しかし，体験活動は時間がかかり過ぎるとか，知識の習得なら体験活動という方法は必ずしも効率的ではないという考えが根強い。このために，従来，体験活動は，学校の外（地域や家庭）で，授業のない休日，夏休みや冬休み等の期間に行われることが期待されてきた。学校内で，体験活動を行うことへのためらいは強い。

このため，学校教育の枠組みの中で，体験活動に取り組めば十分な成果が上がり，常に取り組みが期待されているという考え方にはならない。体験活動であれば何をやっても良いといったわけではない。充実した体験活動とか，体験活動の充実が取り組みの前提条件となる。「なすこと」だけでは十分ではない。「なすことによる，充実した豊かな学び」であるかどうかが，学校教育での体験活動への取り組みには問われる。取り組もうとする体験活動の目標とその成果（効果）を明確に意識化できていなければ，時間とエネルギーの無駄との批判を受ける。「活動あって学びなし」という事態になっては，特別活動の方法としては問題である。集団活動が特別活動の方法と位置づけられるのは，子どもの自主的，自発的で計画的な取り組みを生み出すことを期待されているからである。集団活動との共通性に立てば，体験活動にも，子ども自らが自主的に計画を立て，仲間との相互作用（相談や話し合い等）を通して，活動の達成による充実感を共有していく。そうした活動の中で，物事に取り組む意欲や興味関心を高めていき，人間としての成長につなげていくことが大切である。

学習課題

（1） 集団活動をおこなった自分の体験を振り返ると，必ずしも楽しかったとか，充実した集団活動でなかった場合もあると思います。望ましい集団活動とはどのような集団活動だと考えますか。

（2） 特別活動の分野では，話し合いの場面は多いですが，どのような点に留意す

第1部　特別活動のねらいと方法

　　　　れば，うまく話し合いができると考えますか。
（3）　高等学校までに，学校で自分が取り組んだ体験活動で記憶に残っている体験
　　　　活動にどのようなものがありますか。なぜ，強く記憶に残っているか考えてく
　　　　ださい。

参考文献・参考資料

片岡徳雄『学級集団の経営』ぎょうせい，1979年。
片岡徳雄編『全員参加の学級づくりハンドブック』黎明書房，1981年。
片岡徳雄・南本長穂『一人一役の学級づくり授業づくり』黎明書房，1986年。
相原次男・新富康央編『個性をひらく特別活動』ミネルヴァ書房，2001年。
文部科学省編『小学校学習指導要領解説　特別活動編（平成20年8月）』東洋館出
　　版社，2008年。
文部科学省編『中学校学習指導要領解説　特別活動編（平成20年9月）』ぎょうせ
　　い，2008年。
文部科学省編『高等学校学習指導要領解説　特別活動編（平成21年7月）』2009年。
　　　　　　　　　　　　　　　　　　　　　　　　　　　　　（南本長穂）

第3章 特別活動の歴史

　日本の特別活動の多くは，近代教育の始まりとともに，何らかの意図と目的をもって創設された。しかし，多くの活動は，その当初の意図を越え，自由な祝祭的活動へと変化した。戦前の特別活動は，教育的目的だけで行われたのではなく，また学校の枠にとどまらない地域をも巻き込んだ活動であった。

　戦後になって学習指導要領で特別活動が規定されるようになると，戦前の祝祭的な様相は次第に失われ，再び教育上の意図と目的が明示されるようになった。もちろん，特別活動の教育上の目的は重要であり，特別活動が学校での人間形成に重要な役割を演じていることも確かである。しかし，教育上の目的が重視されるあまり，かつての祝祭的要素が取り払われるとともに，活動自体が形骸化しているとも指摘される。本章では，特別活動の歴史を振り返ることで，現在の特別活動の意義を問い直し，児童生徒の学校生活での特別活動の役割を再確認してみたい。

1　戦前の特別活動

　戦前の特別活動は，戦後の学習指導要領のように明確に文書化されていたわけではない。つまり，戦前には授業以外の活動を体系的に教育活動に位置づけようとはされていなかったことになる。しかし，日本の場合，体系化はされていなくとも，授業以外の活動の多くが，当初は国家，もしくは学校による何らかの意図をもって実施されたものであった。

　戦前の特別活動はいくつかの要素によって構成されていた。ここではその要素を次の4つに分類しておこう。すなわち，①儀式的要素，②教育的要素，③祝祭的要素，④娯楽的要素である。特別活動の多くは，これらの要素が複合的に機能しながら実施されていた。以下ではそれぞれの要素がいかに特別活動を構成していたのか，戦前の主な学校行事を概観することで明らかにしておこう。

（1）儀式的行事

現在の特別活動に規定された学校行事と同様に，戦前にも入学式，卒業式をはじめとする儀式的行事が実施されていた。儀式的行事は厳粛な雰囲気によって，学校生活の区切りをつけるものである。戦前には定期的に儀式的行事が行われ，学校生活にめりはりがつけられていた。

なかでも学校生活の入口と出口にあたり，重視されるのが，入学式と卒業式である。これらの行事は，時に祝祭的要素とセットになり，厳粛な儀式の後，そこから噴き出すように非日常的な活動が行われることもあった。学生帽を投げ上げる，在校生が卒業生に水をかける，叩くなど，卒業生を手荒く追い出すことも少なくなかった。こうした習慣は，一部の学校では，現在も残っているようである。大学のサークルの「追い出しコンパ」などでこうした光景を目にした人もいるだろう。

それ以上に，戦前の儀式的行事で重要なのは教育勅語奉読であった。1890（明治23）年に発布された教育勅語は，戦前の天皇制を中心とする精神的基盤となり，学校教育全体に大きな影響を与えたとされる。この勅語を読み上げる儀式が教育勅語奉読であり，紀元節（建国記念日），元始節（元旦），天長節（天皇誕生日），そして明治節（明治天皇誕生日，昭和期）に行われた。この儀式では，下賜された天皇の御真影への拝礼から始まり，勅語奉読，校長訓話などが行われた。式には厳粛さが求められ，児童生徒は頭を垂れて静粛を保ち，また，校長が誤読すれば進退にまでつながったとされる。

このように戦前の儀式的行事は，学校生活の区切りをつけるだけではなく，天皇制の内面化を求める教育的要素をもっていたことになる。

（2）運動会・修学旅行

明治維新後，富国強兵をめざす日本にとって，健康な国民の育成と頑健な軍人の育成は重要な課題であった。学校に期待されたのは，西洋的な知識の普及のみでなく，そうした日本人の体格を改善することでもあった。

「体育」という概念が十分に形成されていない明治期においては，こうした取り組みは，軍事教練を借りて行われることになった。つまり，現在の体育の

代わりに，鉄砲を持った運動や，重い荷物を持っての行軍などが各学校に普及していた。そうした活動の一つとして始まったのが運動会であるとされる。

日本で最初に開かれた運動会は1874（明治7）年，海軍兵学寮で行われた生徒競争遊技会であるとされる。この後，東京大学予備門や札幌農学校でも運動会が開催される。しかし，その競技は走り高跳びや三段跳びなどであり，運動会というよりは，高等教育機関で行われるスポーツの競技会であった。

小中学校に運動会が広がっていくのは，1885（明治18）年に初代文部大臣となった森有礼の影響が強いとされる。森は師範学校に兵式体操を導入したことで知られており，小中学校へも兵式体操を普及させた。つまり，森は兵式体操といった軍隊式の訓練により，国民の身体を改善しようとしたのである。運動会は，そうした森の理念の一環として小中学校に広がっていった。したがって，初期の小中学校の運動会は，軍事教練に近い，演習的なものであったとされる。

しかし，運動会は1897（明治30）年頃から，その性格を変化させ始める。すなわち，教育的要素以上に，祝祭的要素，娯楽的要素を強め，地域の祭りといった様相を呈し始める。村祭りと同じように，地域の人々が学校に集い，なかには露天などが並ぶところもあったという。また，児童生徒が派手な服装をし，競争の勝利者には商品が出されることもあった。こうした運動会の風潮に対し，文部省は簡素にし，運動会の趣旨に立ち戻るようたびたび訓令を出していた（吉見，2001）。

こうして運動会は，地域の祭りとして広がり，学校はそうした地域の中心となったのである。

運動会の発祥とよく似た性格のものに修学旅行がある。修学旅行の始まりは，1886（明治19）年，東京高等師範学校で行われた12日間の「長途遠足」であったとされる。この行事では兵式体操で使う鉄砲を携帯し，また途中の練兵場で2日間の野外演習も行われた。つまり，修学旅行もまた運動会と同様に軍事的な教練がその始まりであった。

しかし，この「長途遠足」の目的は軍事教練のみではなかった。それとともに博物の観察や文化財の見学なども行ったとされる。つまり，修学旅行は，その発祥時から教育的な要素も目的の一つとされていた。

その後，修学旅行という名称が用いられるようになると，軍事的な要素は取り払われるようになる。それにより遺跡の見学など，地理歴史の学習といった教育的目的が強調されるようになった。当時の修学旅行の目的地は，文化遺跡などの観光地の他，実業教育の一環として博覧会などの見学も行われた。さらに，満州や朝鮮半島などに旅行をする学校もあったとされる。

(3) 学 芸 会

学芸会，学校劇など文化的活動の起源も教育的目的によるものであった。明治初期に重視された試験での優秀者による講談，講述問答がその始まりであるとされる。つまり，「学習発表会」として，学校の優等生が，学習の成果を披露する場であった。

戦前の小学校では，試験が学校行事の一つとして重視されていたとされる。これは小学校の教育水準を高めるとともに，優秀な人材を発掘するためのものであった。当時の「学習発表会」はこうした教育と試験の成果を披瀝するとともに，児童生徒の学習意欲を向上させるためのものであったといえよう。

しかし，1900（明治33）年の小学校令施行規則で試験が全廃されたため，「学習発表会」は行われなくなった。それに代わって行われるようになったのが学芸会であった。

大正期になると，当時の新教育運動の影響もあり，学芸会はさらに盛んになる。これは劇での表現や児童生徒の創作，音楽活動などが新教育運動の中で重視されたことによる。こうした学芸会は学校行事の中心的活動の一つとなった（山口編，2001）。

このように学芸会が全国に広がると，運動会と同様に祝祭的な意味をもつようにもなる。つまり，学芸会は児童生徒や保護者のみに閉じた行事ではなかった。運動会と同様に，地域の人々に開かれていた。学芸会も地域のお祭りの一つとして見なされたのである。

(4) 戦前の特徴

以上のように戦前の特別活動は，何らかの意図をもち，主に国家，または学

校が主導する形で始められた。しかし，戦前の特別活動は次第にその様相を変え，地域をも巻き込んだ祝祭的要素を強めていった。

このように学校行事が祝祭の要素を強くもった背景としては，戦前の学校が地域の文化の発信地であり，さらには近代化の中心地であったことが挙げられよう。学校は地域のシンボルとしての役割を果たし，人々は学校を，そして教師を近代化につながる新たな文化の伝達者として信頼していた。それゆえ多くの特別活動は，その意図を越え，地域の人々をも巻き込む祝祭的行事へと変貌していったのである。

こうした国家や学校による意図的な活動とは別に，批判の対象となりながらも，後に教育的意図が付与されたものもある。それがスポーツを中心とする部活動である。

戦前期は剣道や柔道といった武道が体育の中心とされ，それ以外のスポーツは批判の対象とされることがあった。その典型が野球である。野球に対しては，戦前期を通じて繰り返し，児童・生徒による活動が批判されていた。野球は相手を騙して勝利する競技であるとともに，児童・生徒が野球の練習に打ち込むことが疲労などにより勉強の妨げになるというのである。つまり，野球はたんなる遊びであり，野球が児童・生徒の発達に悪影響を与えると見なされていた。

しかし，昭和初期になって，ようやくスポーツの教育的意義が認められるようになる。それまで野球を批判してきた『朝日新聞』は，手のひらを返すように野球の教育的意義を説き始める。つまり，野球により体力が向上するばかりでなく，知力や協調性まで向上するというのである。それ以後，現在まで高校野球は，いわば「健全な高校生」の象徴としても扱われるようになった（荻上，2009）。また，野球の大会が現在の甲子園大会のように，地域，あるいは府県全体をも巻き込んだ祝祭となったのはいうまでもないだろう。

2　戦後の特別活動——学習指導要領の変遷

戦後になると特別活動は学習指導要領によって規定されるようになる。つまり，学校での教育活動の一領域として体系的に明文化され，教育課程の中に位

置づけられた。とはいえ，最初から明確に特別活動の内容が規定されていたわけではない。戦後を通じ，名称も内容も変化し，次第に体系化されるようになっている。以下では，戦後の学習指導要領の変遷を追いながら，特別活動の位置づけがいかに変化したのかを概観しておこう。

（1）学習指導要領一般編（試案） 1947（昭和22）年

昭和22（1947）年に学習指導要領は試案として提出された。この学習指導要領は，戦後の民主主義的な教育の実施にあたり，いわばそのガイドラインとして示されたものであった。しかも，その内容は当時の経験主義を重視する教育の考え方にしたがったものであった。つまり，生徒の体験と自主性を重視する教育理念によって教育内容が編成された。

特別活動は「自由研究」として教科の一つに位置づけられた。小学校では4年生以上の必修科目，中学校・高等学校では選択科目であった。その内容は児童の能力と興味に応じて教科の学習を自由に進めるもの，またクラブ活動，当番・学級委員の仕事であった。経験主義の理念に基づき，児童・生徒の学習を補足するのがこの「自由研究」の目的であったといってよかろう。

（2）中学校への通達 1949（昭和24）年

学習指導要領の改訂に先立って，中学校に対し「特別教育活動」を設けるよう文部省から通達が出された。これは「自由研究」が形骸化し，たんなる授業の延長や補習の時間として使われていたためであるとされる。

この通達により中学校の特別活動は，運動，趣味，娯楽，ホームルーム活動，生徒会活動などを行うものと規定された。

（3）第1次改訂（試案） 1951（昭和26）年

先の学習指導要領を支えた経験主義の理念は，1940年代の終わりになると厳しい批判にさらされるようになる。その一番の論点は学力低下であった。つまり，経験主義の教育では，十分に基礎的な学力が身につかないとされ，「這い回る経験主義」と表現された。こうして1950年代以降，学力を重視する教育が

行われるようになる。

　この教育理念の転換は，必ずしも経験主義の教育に問題があったためではない。1950（昭和25）年の朝鮮戦争，またその後の1957（昭和32）年のスプートニク・ショックなどにより，教育，とくに科学教育を重視することで日本の国力を高めることが意図された。こうした一連の動きは「逆コース」と呼ばれ，戦後直後の日本の民主化，非軍事化から戦前の社会への方向転換であるとされた。それにともない，教育においても自由化から，文部省を中心とする中央集権システムによる管理と統制が強められるようになった。

　とはいえ，この第1次改訂は，なお試案として提示され，各学校への強制力はそれほど強くはなかった。それゆえ学校や校長，教員の裁量を大きく認めようとしたものであった。この時の小学校の学習指導要領では，「自由研究」を教科に包摂し，教科以外の活動を新たに設けることについて次のように述べられている。

　すなわち，「特別な教科の学習と関係なく，現に学校が実施しており，また実施すべきであると思われる教育活動としては，児童全体の集会，児童の種々な委員会・遠足・学芸会・展覧会・音楽会・自由な読書・いろいろなクラブ活動等があ」り，「これらは教育的に価値があり，こどもの社会的，情緒的，知的，身体的発達に寄与するものであるから，教育課程のうちに正当な位置をもつべきである」とされる。その上で「教科の学習だけではじゅうぶん達せられない教育目標が，これらの活動によって満足に到達される」とされている。

　こうして教科以外の活動の例示としてあげられたのは，学校全体としての活動として「児童会」「児童の種々の委員会」「児童集会」「奉仕活動」，また学級を単位とするものとして「学級会」「いろいろな委員会」「クラブ活動」であった。

　中学校・高等学校の学習指導要領では，先の「特別教育活動」の名称が引き続き用いられた。第1次改訂では，「単なる課外ではなくて，教科を中心として組織された学習活動でないいっさいの正規の学校活動」を特別教育活動とした。

　こちらも，なお小学校と同様に学校や教師の裁量を認めようとするもので

あった。そしてなによりも「特別教育活動は、生徒たち自身の手で計画され、組織され、実行され、かつ評価されねばなら」ず、教師の指導は「最小限度にとどめるべき」とされた。こうして主要なものとして例示されたのが、ホームルーム、生徒会、クラブ活動、生徒集会であった。

（4）第2次改訂　1958（昭和33）年

第2次改訂では、これまでの「試案」という言葉がはずされ、文部省の「告示」として学習指導要領が示された。文部省はこれ以後、学習指導要領には法的拘束力があり、各学校は学習指導要領にしたがって教育活動を行うという立場をとるようになった。それにともなって、これまでの学習指導要領に示されていた、学校・教員の裁量を認める記述は大幅に削除された。

小学校でも特別活動の名称は「特別教育活動」となり、中学校と高等学校と名称が統一された。また、これまで主要なものとして例示されていた活動は、たとえば小学校では「特別教育活動においては、児童会活動、学級会活動、クラブ活動などを行うものとする」と明確に内容が規定されることになった。

また、小学校と中学校では特別教育活動とは別に、これまで明確に規定されていなかった「学校行事」が教育課程の一つとして規定された。学校行事としては、その内容が細かく規定されることはなかったが、「儀式、学芸的行事、保健体育的行事、遠足、学校給食」などを「適宜行うものとする」とされた。すなわち、この第2次改訂によって、学芸会や運動会などが教育課程の中に取り込まれたことになる。

（5）第3次改訂　1968（昭和43）年　小学校，1969（昭和44）年　中学校，1970（昭和45）年　高等学校

1960年代は高度経済成長のもと、産業界などから「ハイタレント・マンパワー」の養成が求められるようになった。とくに科学技術の進展と日本経済の国際競争力を高めるため、科学技術教育が重視されるようになった。このような社会的背景により、第3次改訂による学習指導要領は「現代化カリキュラム」と呼ばれる非常に高度な内容を学校教育に求めるようになった。

これまでの特別教育活動は学校行事と統合されることで，小学校，中学校では「特別活動」に，また高等学校では「各教科以外の教育活動」と名称が変更された。

　小学校では，特別活動は大きく「児童活動」「学校行事」「学級指導」からなるとされた。児童活動は「児童会活動」「学級会活動」「クラブ活動」であり，児童の自発的・自治的な実践活動が重視された。学校行事は「儀式」「学芸的行事」「保健体育的行事」「遠足的行事」「安全指導的行事」と領域が細かく分類された。また「学級指導」としては「学校給食」「保険指導」など「学級を中心として指導する教育活動」として位置づけられた。中学校においても，内容はほぼ同じであるが，「学級指導」の内容が，より詳細に規定され，「個人的適応に関すること」などの他，「進路の選択に関すること」が加えられた。

　高等学校の各教科以外の教育活動は，大きく4つの領域から構成されていた。すなわち「ホームルーム」「生徒会活動」「クラブ活動」「学校行事」である。このうちホームルームは中学校の「学級指導」にあたる。また，クラブ活動は必修とされ，生徒は「文化的な活動」「体育的な活動」「生産的な活動」のいずれかに所属するよう求められた。

(6) 第4次改訂　1977（昭和52）年　小学校・中学校，
　　　1978（昭和53）年　高等学校

　1970年代に入ると，行き過ぎた受験指導や学歴社会が厳しく批判されるようになった。また，70年代の終わりになると「落ちこぼれ」など授業についていけない児童生徒が増加した。当時は「7・5・3」と呼ばれ，小学校では3割，中学校で5割，高等学校では7割の児童生徒が落ちこぼれるといわれた。それにともない第3次改訂の学習指導要領の内容が高度すぎるとして批判されるようになった。

　こうした状況を受けて，第4次改訂では授業時間数を減らし，「ゆとり」をもった学習がめざされた。しかし，授業時間数が減っただけで，教育内容は十分に減らされなかったため，むしろ児童生徒の負担は増加したともいわれる。

　この改訂では，特別活動の内容に大きな変化はなかったが，小学校から高等

学校まで「特別活動」が統一した呼称として使われるようになった。これにより小学校から高等学校まで一貫して特別活動が教育課程に位置づけられることになった。また「勤労にかかわる体験的な学習の必要性」が指摘され、学校行事の中に位置づけられた。

(7) 第5次改訂　1989（平成元）年

　この第5次改訂に先立って「新しい学力観」が提示され、これまでの知識・理解・技能のみならず、関心・意欲・態度を学力の一つとして位置づけ、重視するように転換された。さらに、第5次改訂では小学校1・2年生に「生活科」が新設された。こうした一連の動きが意味することの一つは、この改訂により、先の改訂で十分に達成されなかった「ゆとり」をなお一層充実させようとする意図であった。もう一つはいわゆる「ゆとり教育」が経験主義の教育として位置づけられることが明確になったことである。それにともない児童生徒の自主性や自発性がさらに強調されるようになった。

　こうして特別活動では、これまでの小学校・中学校での「学級指導」が「学級活動」へと名称を変更された。これは「学級指導」が生徒指導を中心とする教師主導ともとれる活動であったため、児童・生徒を主体とすることを強調しようとするためであった。

(8) 第6次改訂　1998（平成10）年

　「総合学習の時間」が設置されたこの改訂では、より「ゆとり教育」が重視され、経験、体験を重視する教育が強調されるようになった。

　特別活動の大きな変化としては、中学校・高等学校でのクラブ活動が削除されたことである。これ以後、中学校・高等学校の特別活動は、大きく学級活動（ホームルーム）、生徒会活動、学校行事の3領域が中心とされるようになった。

3 歴史に見る特別活動の課題

(1) 特別活動の制度化

　ここまで戦前から戦後への特別活動の変遷を概観してきた。明治になって日本の近代教育が始まるとともに、多くの特別活動は、国家や学校による意図をもって創始された。しかし、次第にその意図を越えて特別活動は拡大し、地域をも巻き込んだ祝祭として広がった。特別活動の多くは教育課程におさまりきれない、学校独自の重要な行事として普及したのである。

　戦後になると、特別活動は体系的に明文化されるようになる。戦後直後は、ゆるく大枠が明示されたのみであり、戦前と同様に教育的意図以上に、祝祭としての意味が大きかった。それが、しだいに細かく内容が分類され、精緻に、また具体的に個々の活動の内容が規定されるようになった。それとともに特別活動の教育的意図が明確化され、その教育上の目的が明示されるようになった。こうして特別活動は、教育課程の中に位置づけられた。

　すなわち、特別活動は、戦後、時代を経るにしたがって、再び教育的要素を強くもつようになった。これは「特別活動の制度化」として捉えることができよう。つまり、かつて特別活動は、祝祭として、遊びや娯楽の要素も多く含み、それぞれの学校や教師、さらに児童生徒による自由な営みであった。しかし、次第に制度として学校の教育課程に取り込まれ、特別活動として行う児童会・生徒会や学級活動、また学校行事が細分化され、さらにそれぞれの内容までもが明確に規定されるようになった。その結果、特別活動は学校と教員によって管理、統制されなければならないものとなった。

　もちろん、学習指導要領の第5次改訂などに見られるように、生徒の自主性は尊重され、また強調されてもいる。しかし、特別活動の内容が枠づけられ、目的が明示されることで、教科の学習と同様に位置づけられるようになったことは確かである。それゆえ、かつて祝祭であったはずの特別活動、とくに学校行事が、教科の延長として、教員による評価の場に組み入れられてしまうこともある。

（2）部活動の制度化

　それでは具体的に特別活動はどのように変化したのだろうか。山田（2004）は部活動の制度化を，マンガに描かれる部活動を分析することで示している。つまり，生徒の自由な活動の場であったはずの部活動が，学校の教育課程の一つとして位置づけられ，教員の管理，統制を受けるようになる過程を，マンガに描かれた部活動の変化から明らかにしている。

　1960年代から80年代の初めまで，いわゆる熱血スポーツマンガが数多く発表された。こうした熱血スポーツマンガでは，たとえ学校が舞台になっていても，教師が指導者として描かれることは稀であった。

　たとえば『巨人の星』（梶原一騎作，川崎のぼる画，1966）で主人公，星飛雄馬を幼少期から厳しく指導するのは，その父，一徹である。また，『エースをねらえ』（山本鈴美香，1973）で主人公，岡ひろみの才能を見いだし，一流プレーヤーにまで育て上げるのは庭球協会から派遣されたコーチ，宗方仁であった。また『キャプテン翼』（高橋陽一，1981）でも大空翼を指導するのは，元ブラジル代表のロベルト本郷であった。

　このように1980年代の初めまでのスポーツマンガは学校が舞台となっていても，学校や教師は主人公に介在しない。つまり，この時代の部活動は，学校とは切り離された「生徒の世界」で行われていた。授業やテストといった「教員の世界」とは別に，生徒が自主的に活動を行い，教員から評価されることのない「生徒の世界」，それが部活動であった。

　ところが1980年代の半ば頃から，頻繁に教員がスポーツマンガに登場するようになる。たとえば『帯をギュッとね！』（河合克敏，1988）の倉田龍子，『行け!! 稲中卓球部』（古谷実，1993）の柴崎，さらに『テニスの王子様』（許斐剛，1999）の竜崎スミレなど，いずれも教員であるとともに部活動の監督や顧問である。このようにスポーツマンガに頻繁に教員が登場するだけではない。なかには主人公として重要な役割を果たすものもある。それはたとえば『マドンナ』（くじらいいくこ，1987）の土門真子，『やったろうじゃん』（原秀則，1991）の喜多条順，さらに『ROOKIES』（森田まさのり，1998）の川藤幸一などであり，いずれも教員が部活動を指導している。

このように80年代の半ば以降，教師がスポーツマンガに描かれるようになったのは，部活動が制度化されたためであった。すなわち，部活動が教育課程に取り込まれ，教師の管理下に置かれるようになったことがマンガに反映されている。こうして学校の中の「生徒の世界」は縮小し，「教師の世界」が学校全体へと広がるようになった。

　こうした転換は教師が主人公となっているスポーツマンガに明解に描かれている。そうしたマンガはいずれもこうした「生徒の世界」から「教師の世界」へと転換することでストーリーが展開する。つまり，生徒が自由に楽しんで行う活動から，教師と対立しながらも，教師の指導のもとスポーツに打ち込むようになる姿が描かれている。生徒が練習に明け暮れ，強くなっていくのはスポーツマンガの必然であろう。しかし，かつての熱血スポーツマンガとは異なり，生徒を指導し，厳しい練習を課しているのは教員である。このことは現実の学校でも教員が積極的に部活動に関与し，生徒を統制するようになったことを示している（山田, 2004）。

　特別活動，とくに学校行事も部活動と同様に制度化が進んできた。そこではやはり教師の統制を必要としない「生徒の世界」から「教師の世界」へと転換してきたのだろう。

　もちろん，特別活動が明確な目標をもち，教師の指導のもとに行われることは重要である。だが，歴史の中で抜け落ちた，特別活動の教育的目的以外の側面も決して軽視してはならない。戦前の特別活動を見れば，そうした側面こそが開かれた学校を作り，地域と学校とのつながりを強化する可能性をもっている。

学習課題

（1）　戦前や戦後の小説，映画，マンガなどのメディアに特別活動がどのように描かれているのかを調べてみよう。そうしたメディアに描かれた特別活動と，現在の特別活動を比較し，類似点と相違点を考えてみよう。

（2）　卒業した学校や地域の学校などの学校史などを使って昔の特別活動の様子を調べてみよう。また，卒業式や運動会の種目などに現在も昔からの伝統が残っていないかを調べてみよう。

（3） 戦前の特別活動がどのように行われていたのか，具体的な事例を調べてみよう。また，歴史に残る特徴のある，興味深い活動を探し，その特徴をまとめてみよう。

参考文献

荻上チキ『社会的な身体』講談社，2009年。
倉田侃司「わが国における学校行事の歴史」『学校運営研究』第396号，1992年。
山口満編『新版　特別活動と人間形成』学文社，2001年。
山田浩之『マンガが語る教師像』昭和堂，2004年。
吉見俊哉「運動会と学校空間」杉本厚夫編『体育教育を学ぶ人のために』世界思想社，2001年。
国立教育政策研究所「学習指導要領データベース」(http://www.nier.go.jp/guideline/)。

（山田浩之）

第 2 部

特別活動の内容

第4章 小・中学校の学級活動と高等学校のホームルーム活動

　本章では，特別活動の内容のうち，学級活動やホームルーム活動の目標と内容について学ぶ。学級活動やホームルーム活動とは，学校の中で子どもが主体となって行う活動で，学校の生活集団である学級を単位とする活動である。そこでは，①学級（小・中）／ホームルーム（高）や学校の生活づくり，②日常生活や学習への適応及び健康安全（小）／適応と成長及び健康安全（中・高），③学業と進路（中・高）の活動が展開される。いずれの活動も，子どもたちの日々の成長を支え，長い目で見れば，学級の規範や文化を創り出す活動として存在する。子どもたちが，学級の中で自分のよさを発揮する場が与えられ，互いの存在を認め合い，学級活動やホームルーム活動の成果を実感できるならば，学級に集う個々人の成長と同時に集団としての学級の成長が期待でき，同時に，学級の成長が個人の成長を育むことにもなる。

1　学級活動の目標（小・中学校）／ホームルーム活動の目標（高校）

　学級活動（ホームルーム活動）を通して，望ましい人間関係を形成し，集団の一員として学級（ホームルーム活動）や学校におけるよりよい生活づくりに参画し，諸問題を解決しようとする自主的，実践的な態度や健全な生活態度を育てる。

　学級やホームルームは，学校の中で児童生徒が生活するために編成された生活集団であり，これを基本単位として行う活動を，小学校と中学校においては「学級活動」と呼び，高等学校においては「ホームルーム活動」と呼ぶ。小学校と中学校においては，学習と生活が学級という組織の中でなされるため学級活動という名称が用いられる。一方，高等学校では，選択教科があるため学習集団と生活集団が一致しない場合がある。このため，生活集団を基礎として行う活動に対してホームルーム活動という言葉を用いる。名称は異なるものの，

学級活動もホームルーム活動も，学級やホームルームでの「生活」をよりよいものにするための取り組みに他ならない。

　この度改訂された学習指導要領（2008年・2009年告示）では，学級活動ならびにホームルーム活動の目標は，小学校，中学校，高等学校において同じ目標を採用している。いずれの学校段階においても，学級活動やホームルーム活動を通して，学級に所属する一人一人が学級や学校の一員であるという自覚をもち，児童生徒が所属する学級や学校での生活をよりよくすることが，目標となる。学級活動ならびにホームルーム活動の目標において明記されている点は，「学級活動を通して（ホームルーム活動を通して）」行うこと，「望ましい人間関係を形成」すること，「集団の一員として学級（ホームルーム活動）や学校におけるよりよい生活づくりに参画」すること，「諸問題を解決しようとする自主的，実践的な態度」を育てること，「健全な生活態度」を育てることの5点である。

　「学級活動を通して（ホームルーム活動を通して）」とは，学級を単位とする集団活動を通してと読み替えることができる。学級の皆でともに活動することで，他者から学び，自他の意見の違いを超えて共通点を見出し合意を形成し，学級の中で自分がどのように貢献できるかを考える。学級を通して行う活動には，集団活動を通して初めて可能になる級友の新たな側面の発見，自分という存在についての認識，意見の相違や対立とそれを乗り越えることによって得られる喜びや達成感，学級に対する誇りや絆の形成，人間に対する信頼感や肯定的感情を育むことが期待される。そのための具体的取り組みとして，たとえば，学級での話し合い，意見交流，係活動（役割分担と役割遂行），清掃や給食を通じた生活習慣や態度の形成，学級や学校の努力目標を達成することを展開することとなる。

　「望ましい人間関係を形成」するとは，自分の素直な考えを表明しても相手が受け止めてくれるので安心して相手と関わることができるような「支持的風土」（片岡, 1976：51）のある人間関係を学級の中に形成することである。相手を受け止め，切磋琢磨し，互いを高め合えるような関係を築くこと，社会の良識に照らしてみた時，自分や相手の不適切な行動や態度に対して率直に諫める

てくれるような関係が築かれていることなどである。学級の中にいる児童生徒同士が，互いを信頼し，支え合い，かつ厳しさもあるという関係を学級の中につくり出すことになる。

「集団の一員としての学級（ホームルーム活動）や学校におけるよりよい生活づくりに参画」するとは，学級や学校の一員としての役割と責任を担うということである。学級や学校にいる児童生徒は，最初はそこに集まった児童生徒であるにすぎないが，やがて，自分たちが，学校の主役であるという意識をもち，学級や学校での生活をつくり出していくことを期待される。受け身の存在から行動する主体へと変化していくことが必要になる。それは，教師や年長の学年に従っていた存在から，教師や年長の学年の考えや態度を自身の中に取り入れ，今度は，下の学年に配慮しながら，自分たちで学級や学校の中での生活をつくるという取り組みに参画することになる。学校の中でそれぞれが役割を担い，自分の役割を果たすことによっていくらかでも学校生活がよくなることを実感できるならば，学校生活は楽しく充実したものになりうる。

「諸問題を解決しようとする自主的，実践的な態度」とは，学級の中で起きた問題や解決すべき課題について，子どもたち一人一人が責任と自覚をもって，それに対して解決のための知恵を出し合い，問題の解決にあたるということである。学校や学級では，さまざまな問題が生じる。それは，学級委員の選出であったり，係決めであったり，学習発表会の役割分担であったりする。また，学級内のいざこざやトラブル，いじめなどの問題も学級の中で解決すべき問題としてある。率直に意見を出し合い，どのようにすれば解決できるのかの話し合いを行い，自らが学級をよくするために行動することにより，それが学級の歩みとして一人一人の意識の中に刻まれることになる。

「健全な生活態度」とは，教室の整理や整頓，時間の遵守，授業への集中と学習への意欲的な参加，好き嫌いをせず給食を残さず食べること，休み時間の有効な活用など基本的な事項から始まり，学校生活を送るうえで必要な規則や規範を守り，社会の良識に照らし合わせて行動することに至るまで，自らの生活を律していくことを意味する。学校での生活を健全な生活態度で過ごすことができるようになれば，家庭生活の中にも良い影響を与えるであろうし，逆に

また，家庭での生活習慣が規則正しくなされているならば，自ずと学校での生活によい影響を及ぼす。学校においても，家庭においても，社会の良識に支えられて，生活のリズムを整え規則正しい生活をすることが，よりよい生活をつくり出す基本となる。

2 学級活動の内容（小・中学校）／ホームルーム活動の内容（高校）

(1) 学級や学校の生活づくり（小・中）／ホームルームや学校の生活づくり（高校）

　小学校，中学校，高等学校では，「学級や学校の生活づくり」の指導に関しては，基本的に同じ考え方に立っている。生活集団の基本単位として学級やホームルームが存在し，ここでの生活が安定していないといずれの学校種においても学校生活が成り立たない。深谷がいうように，「学校の楽しさは，基本的には学級の楽しさに規定される」（深谷，2003：133）。したがって，学級活動，ホームルーム活動の最も基本的な部分に，学級（ホームルーム）や学校の生活づくりを据え，学級集団づくりを最大限に重視することになる。学級や学校の生活づくりの内容は，小学校，中学校，高等学校ともに，「ア　学級（ホームルーム）や学校における生活上の諸問題の解決」，「イ　学級内（ホームルーム内）の組織づくりや仕事の分担処理」，「ウ　学校における多様な集団の生活の向上」の3つからなる。

　「ア　学級（ホームルーム）や学校における生活上の諸問題の解決」は，学級や学校における生活上の諸問題を解決することがその内容となる。たとえば，小学校では，学級の目標を考えたり，一日のめあてを考えたり，休み時間に皆で楽しく遊ぶために運動場や体育館の使い方を話し合ったりする活動がこれにあたる。中学校では，学級の努力目標を決めそれに向かって努力したり，互いに励ましあったり，よさを認めあうこと，学級生活の中で日頃感じている不満や悩みを出し合い，それに対する解決策を出し合い問題を解決するよう努力することがあげられる。高校では，自他を知り，互いを認め合い，よりよい学級

にするための話し合いやそれに向けた取り組みが、ホームルーム活動の中心になる。

「イ 学級内（ホームルーム内）の組織づくりや仕事の分担処理」は、児童生徒が自分たちの手で学級を運営していくための組織づくりである。学級委員、班（グループ）の責任者をはじめとする学級の代表者の選出、連絡係、学習係、体育係、美化係、レクリエーション係などの学期を通じて行う係活動、給食・日直・清掃などの当番活動がある。学級における係や役割分担は、一人一役を原則にして、全員が参加できるよう役割を付与することが大事になる。なぜなら、そうすることによって、学級という組織の一員として責任をもつことができ、学級という集団と関わることができ、活躍の場を与えられ、それによって学級の中で相互に認めあう機会をもつことができるからである。

「ウ 学校における多様な集団の生活の向上」は、学級や学校の集会としてなされる活動において、皆が楽しんで心地よく活動することができるようにする取り組みである。たとえば、小学校では、学級お楽しみ会、学年を縦割りにした「仲良くしようね集会」、教育実習生を迎える会や送る会、スポーツ大会、学級収穫祭、夏休み・冬休み頑張り発表会、豆まき集会などがある。中学校では、合唱祭や学習発表会へ向けた学級での取り組み、高等学校においても、合唱祭や学校祭、体育祭へ向けた学級での取り組みがこれにあたる。

（2）日常の生活や学習への適応及び健康安全（小学校）／適応と成長及び健康安全（中・高）

学級活動の2つめの事項として、適応及び健康安全に関する指導がある。小学校、中学校、高等学校のいずれにおいても、児童生徒が、学校生活に適応し、健康かつ安全に、学校での生活をおくることによって初めて、児童生徒の豊かな成長が保証される。学級やホームルームでの活動は、学級の組織を整えるとともに、児童生徒の学校での学習や生活の質に配慮する必要がある。小学校では、「日常の生活や学習への適応及び健康安全」として、また、中学校と高等学校では、「適応と成長及び健康安全」として記されている。その内容は、次の通りである。

第4章 小・中学校の学級活動と高等学校のホームルーム活動

小学校	中学校	高等学校
ア 希望や目標をもって生きる態度の形成	ア 思春期の不安や悩みとその解決	ア 青年期の悩みや課題とその解決
イ 基本的な生活習慣の形成	イ 自己及び他者の個性の理解と尊重	イ 自己及び他者の個性の理解と尊重
ウ 望ましい人間関係の形成	ウ 社会の一員としての自覚と責任	ウ 社会生活における役割の自覚と自己責任
エ 清掃などの当番活動等の役割と働くことの意義の理解	エ 男女相互の理解と協力	エ 男女相互の理解と協力
オ 学校図書館の利用	オ 望ましい人間関係の確立	オ コミュニケーション能力の育成と人間関係の確立
カ 心身ともに健康で安全な生活態度の形成	カ ボランティア活動の意義の理解と参加	カ ボランティア活動の意義の理解と参加
キ 食育の観点を踏まえた学校給食と望ましい食習慣の形成	キ 心身ともに健康で安全な生活態度や習慣の形成	キ 国際理解と国際交流
	ク 性的な発達への適応	ク 心身の健康と健全な生活態度や規律ある習慣の確立
	ケ 食育の観点を踏まえた学校給食と望ましい食習慣の形成	ケ 生命の尊重と安全な生活態度や規律ある習慣の確立

① 小　学　校

　小学校における「日常の生活や学習への適応及び健康安全」に関する指導は，7つの内容を含む。

　「ア 希望や目標をもって生きる態度の形成」とは，毎日の朝の会で一日の目標を決め，終わりの会で反省を行いそれを明日に繋げていく活動に始まり，どのような学級にしたいかを児童が主体的に行う学級での話し合い活動を通して描き出した学級像に自己の生き方と重ねあわせつつそれを形あるものにすることである。

　「イ 基本的な生活習慣の形成」は，挨拶，持ち物の整理整頓，トイレの使い方と手洗い，衣服の着脱，言葉遣い，学習の進め方，休み時間の過ごし方など，学校での生活の仕方にかかわる内容である。

　「ウ 望ましい人間関係の形成」は，友人と仲良くすること，協力して仕事を進めること，上の学年や下の学年との交流，異性との関わりなど，望ましい人間関係を形成することをその内容とする。

　「エ 清掃などの当番活動等の役割と働くことの意義の理解」は，働くことについて児童なりの理解をすることをその内容とする。学級という集団の中でも，

それぞれが役割を担い，集団に貢献することによって「皆から認められる」ことが，子どもにとっての生きる活力になりうる。

「オ 学校図書館の利用」は，教育活動の中に読書を位置づけることを意味する。幼少期に読書に親しみ本好きな子どもを育てることは，子どもの内面を豊かにし，より実りある人生を約束するものである。図書館の利用の仕方を教え，どこにどのような図書が存在するかを知り，必要とする図書を利用できるようになることは，授業の予習や復習を行ううえで役立ち，子どもの知識や視野を広げることにつながる。

「カ 心身ともに健康で安全な生活態度の形成」とは，自分の心身の健康状態や発育の状態を理解し，病気の予防や，身の回りの環境を清潔に保つこと，生活のリズムを整えること，命や性に関する理解と共感を，その内容としている。加えて，生活全般の安全や防犯，交通安全指導，災害時の避難，誘拐や誘惑に対する対処も含む。

「キ 食育の観点を踏まえた学校給食と望ましい食習慣の形成」は，食事の重要性，食事の喜びや楽しさを味わうこと，食品の品質及び安全性について自ら判断できるようになること，食物の生産等に関わる人々に感謝する心を育むことがその内容となる。

② 中　学　校

中学校の「適応と成長及び健康安全」に関する指導は，9つの内容を含む。中学校での適応と成長及び健康安全の内容は，第二次性徴期にある生徒の心身の変化とそれに伴う不安や戸惑い，学校生活の中での交友関係の広がり，受験を控えた生徒の悩みや不安に向き合い，それを乗り越えていくことを意図している。生徒たちは，学級や学校での生活の中で，相互に交流することにより，自分という存在，他者という存在に気づき始める。それが，互いの善さを認め合い，歩みより，自分の個性を生かすことを考える契機となりうる。自分の言動が周囲の人々に喜びや悲しみを与えること，同様に，周囲の人々の言動が自分に対して喜びや悲しみを与えることになるという経験を通して，学級や社会の一員であることを認識し，責任をもって行動することが大事であることを自覚することにもなる。社会の一員であるという実感は，清掃活動，廃品回収，

高齢者の施設訪問というボランティア活動に参加することによっても得られる。相手に感謝され、そのことで自分の存在を改めて確認できる。思春期の生徒は、男女が互いを意識し過ぎるあまり、相手を避けたり、対立が生じることもある。学級の中で、男女が相手の立場に立って考え、協力し合う経験を積み重ねることによって、男女相互のあり方を考えることができるようになる。第二次性徴期をむかえる生徒にとって、身体的成熟は戸惑いと不安、恥ずかしさをともなうものである。生徒の気持ちに向き合い、不安な気持ちを和らげ、大人になるための準備段階にいることをふまえた指導が大事になる。

③ 高 等 学 校

　高等学校における「適応と成長及び健康安全」に関する指導は、9つの内容を含む。高校生になると、生きるということや、自他の存在と相互理解が大きなテーマになる。吉野源三郎の『君たちはどう生きるか』(1982)には、旧制中学校に通う主人公（通称、コペル君）が、学校生活での出来事を通じて自分を振り返り、友人や家族の心遣いのありがたさに感じ入る場面や、粉ミルクを通して社会の中の人々の連鎖を認識する場面が描かれている。高校生という時期は、自分や他者に真摯に向き合い、自分や社会について深く考え、家族や友人の考えを批判的に受け入れつつ、自らの未来を切り開いていく時期である。社会の中で生きていくためには、一人一人の力だけでは自ずと限界がある。しかし、異なる者同士が協力関係を築き、相互に与えられた役割を果たすことにより、物事を成し遂げることができる経験は貴重である。自我をもつ人間が互いの考えを伝え人間関係を築くためには、自分の考えをまとめる力や表現する力、他者を感じとる力が必要になる。異なる他者と関わり、ともに汗を流し、異質な文化や習慣に学ぶことにより、人間の共通性やこれまで知ることのなかった他の社会や文化の存在を知り、視野を広げることができる。自分の生命を大事にするとともに、他者の生命も尊重すること、そして、自らの生活を律し、自分の健康を管理し、生活習慣を整えていくことが、自立するうえでの基本になることを識ることが大事になる。

（3）学業と進路（中・高）

　学業と進路という内容は，小学校にはない中学校と高等学校で扱う特有の内容である。小学校で，学業と進路について扱わなくてよいというわけではなく，小学校においても自分の将来の進路について考えることが必要になるわけだが，中学校や高等学校になると，より切実に学業と進路の問題が生徒の目の前に迫ってくる。学級活動やホームルーム活動でこれを扱う理由は，できるだけ生徒の希望をかなえ，生徒が主体的に進路の選択を行い，生徒の将来設計に寄与するためである。中学校と高等学校における「学業と進路」の内容は，次の通りである。

中学校	高等学校
ア　学ぶことと働くことの意義の理解	ア　学ぶことと働くことの意義の理解
イ　自主的な学習態度の形成と学校図書館の利用	イ　主体的な学習態度の確立と学校図書館の利用
ウ　進路適正の吟味と進路情報の活用	ウ　教科・科目の適切な選択
エ　望ましい勤労観・職業観の形成	エ　進路適性の理解と進路情報の活用
オ　主体的な進路の選択と将来設計	オ　望ましい勤労観・職業観の形成
	カ　主体的な進路の選択決定と将来設計

　中学校や高等学校では，好むと好まざると，ある時期が来ると，進学するか就職するかの判断を迫られ，進学先や就職先を決めることになる。自己の適性や興味に照らし合わせ，自身の将来像に鑑み，進学や就職の選択をする。

　進路選択にせよ，職業選択にせよ，我々は生きていく中で，ある時期に特定の選択を迫られる。それは，無数にある選択肢のなかから他の可能性を捨て，自分の可能性を限定することでもある。おそらく多くの人々は，自己の適性を吟味し，職業に必要とされる技能や資格を視野に入れながら，自分の能力を生かすことができる職業を選んできたのであろう。あるいは逆に，多くの人々は，ひとまず特定の職業に就き，その中で，職業に必要とされる資質や能力を自ら努力することによって獲得してきたのかも知れない。職業生活に従事する中で，仕事が要求する技能や能力，素養を，周囲の人々に啓発されながら，自らが獲得するように義務づけ，職業人としての自己を創りあげてきたという方が正し

いのであろう。

　今日の社会にはさまざまな職業があり、社会のあり方が急激に変化し、雇用形態も変化しているため、同じ仕事を一生涯にわたって続けることは難しいのかも知れない。しかしながら、できるだけ自分の目標を実現できるよう職業を選択し、その職に就き、いくらかでも社会に貢献できるならば、それに越した職業生活上の幸せはない。

　最近のベストセラーの一つ『悩む力』の中で、著者の姜尚中氏は、人が働く理由として「他者からのアテンション」をあげ、「社会の中で自分の存在を認められる」(姜, 2008：122) ことを重視している。職業に従事することによって、はじめて人間は、社会と関わり人々から認められることができるのである。進路選択や職業選択を行う際には、できれば、時代状況に翻弄されることなく、自らの意志で決断し、自らの意志で選びとりたいものである。そのための学力、忍耐力、柔軟性、適応力が必要とされていることはいうまでもない。

3　全体計画の作成

　表4-1は、それぞれ、小学校、中学校の学級活動と、高等学校のホームルーム活動の展開例を、筆者が在住する旭川市内の学校の指導計画をもとに、1学期分及び前期分について示したものである。

　表4-1の小学校における学級活動の展開例は、小学1年生を想定している。小学校に入学した1年生にとっては、学校生活は、期待もあれば不安もある。まず、学校生活に慣れることが大事になる。ここでの展開例は、新入生が、学校での生活について学べるよう配慮した計画になっている。

　表4-2は、中学校における学級活動の展開例である。この計画の特徴は、活動のねらいを活動の内容（題材）とともに示している点にある。学校行事にむけた学級での話し合い、学級での役割分担、自己理解と他者理解、健康と安全、将来の進路について考えることができるようバランスのとれた計画になっている。

　表4-3は、高等学校におけるホームルーム活動の展開例である。この計画

表4-1　小学校における学級活動の展開例（第1学年及び第2学年）

月	学級や学校の生活づくり	日常の生活や学習への適応及び健康安全
4	・楽しみな「12人組集会」	（2）-イ：トイレと手洗い① （2）-カ：春の交通安全① （2）-エ：楽しいお掃除① ・持ち物の整理 ・オアシス運動
5	（1）-ウ：「仲良くしようね集会」をしよう② ・休み時間も仲良くしよう	（2）-キ：給食の配膳と後始末① ・遊びのルール ・集団歩行
6	（1）-イ：先生のお手伝いをさがそう① （日直，当番活動，飼育当番など） ・継続的な係の活動	（2）-ア：学校で困っていること① （2）-イ：じょうずな歯磨き① （2）-オ：図書室の利用① ・雨の日の登下校 ・避難の仕方
7	（1）-ア：1学期のふりかえりをしよう① （1）-イ：学級お楽しみ会をしよう② ・継続的な係の活動	（2）-ア：夏休みのくらし① ・夏の健康 ・夏の交通安全 ・プールのきまりと衛生

○の中の数字は時間数。以下同じ。

は，ホームルーム活動と進路指導に関わる総合的な学習の時間をうまく連動させていること，学校行事をいかした学級活動を展開する中で一つ一つの活動の中に，「適応と成長及び健康安全」や「学業と進路」に関わる内容が融合されているところに特徴がある。

　学級活動やホームルーム活動の全体計画を立てる際には，各学校の特徴や学級の特性を十分に生かすこと，子どもたち一人一人が主体的に活動に参画できるような活動であること，これまでの取り組みの継続性と発展性に留意すること，の3点に配慮することが必要であろう。学級活動やホームルーム活動の経験は，子どもたち一人一人の成長の糧にもなり，同時に学級独自の歴史（あゆみ）にもなるからである。

　最後に，貴重な資料を提供していただいた，北海道教育大学附属旭川小学校，旭川市立神楽中学校，北海道旭川東高等学校には，厚く御礼申し上げる次第である。

表4－2　中学校における学級活動の展開例（第1学年）

月	題材	活動のねらい
4	（1）－ア：中学生になって①	・中学校への新たな心構えを持たせる
	（3）－イ：中学校の学習と生活①	・中学校の学習の進め方・生活の仕方を理解させ，学校生活への適応を図る。
	（1）－イ：学級目標と学級組織づくり①	・学級の目標を立てさせ，その実現のために必要な学級組織を考えさせる。
	（2）－キ：健康について考えよう①	・体と健康に関心を持たせ，各種検診の受け方について理解させる。
5	（1）－ウ：生徒会に積極的に参加しよう①	・生徒会の仕組みを理解させ，参加の意欲を高める。
	（1）－ウ：体育大会に向けて①	・体育大会のねらいを理解させ，意欲を高める。（概要・個人目標・選手選出）
	（2）－オ：友達と仲良く付き合うために①	・日常生活の中で様々な人間関係について振り返らせ，円滑で望ましい人間関係づくりに努める態度を育てる。
	（2）－キ：交通安全について考えよう①	・交通安全への意識を高め，自他の生命を大切にし，健全な学校生活を送ろうとする気持ちを持たせる。
6	（1）－ウ：体育大会の反省をしよう①	・体育大会を振り返って，生徒会のアンケートや作文に取り組み，その後の生活に生かそうとする態度を育てる。
	（2）－カ：ボランティア活動に参加しよう②	・地域の問題など，身近な奉仕活動への関心を高める。（花壇整備）
	（3）－ア：自分にあった学習方法①	・教科毎に工夫した学習方法と自宅学習の必要性を理解させる。（テストの受け方再確認）
	（2）－ケ：食生活を見直そう①	・自分の食生活を見直し，規則正しい調和のとれた食生活を心がける態度を育てる。
7	（1）－ウ：学校祭に向けて①	・学校祭のねらいを理解させ，意欲を高める。（概要・目標・係割・合唱祭）
	（1）－ア：1学期の反省①	・1学期の生活や学習について振り返り，よりよい学級生活を目指して進んで活動する態度を育てる。
	（1）－ア：夏休みの過ごし方①	・中学生として夏休みをどう過ごすのが望ましいかを考えさせ，具体的に計画を立てさせる。

第 2 部　特別活動の内容

表 4 - 3　高等学校におけるホームルーム活動の展開例（第 1 学年）

月	ホームルーム活動	総合的な学習	生徒会活動
4	（1）-ア：LHR・写真撮影② （1）-ウ：LHR・学年集会（1回）③ （3）-イ：LHR・部局・図書館オリエンテーション③ （1）-イ：LHR（役員選出）　（2）-ア，イ， （1）-ウ：LHR（宿泊研修）　　ウ，エ，オ，ケ	総合学習ガイダンス①	生徒会役員選挙立会演説会
5	（1）-ウ：LHR（宿泊研修） （1）-ウ：結団式・LHR（宿泊研修）② （1）-ウ：宿泊研修（合唱コン）①（1）- （1）-ウ：LHR（合唱コン）　　ア，ウ （1）-ウ：LHR（合唱コン）	宿泊研修③ 保健講話② 実習生の話を聞く①	生徒大会
6	（1）-イ：LHR（学校祭）① （1）-イ：LHR（学校祭）①（1）-ア，ウ （1）-イ：LHR（学校祭）①（2）-イ，ウ （1）-イ：LHR（学校祭）①　エ，オ，カ	表現活動（1回）①	
7	（1）-イ：LHR（学校祭）③ （1）-イ：LHR（学校祭反省）① （1）-ウ：学年集会（2回）① （1）-ア：LHR（休業に向けて）①	教科選択ガイダンス① 実力テスト⑤ 進路・教科選択調査①	学校祭準備
8	（1）-ア：LHR（休業明け）① （1）-イ：LHR（球技大会）① （1）-ウ：学年集会（3回）①		

学習課題

（1）吉野源三郎著『君たちはどう生きるか』のなかで，コペル君が叔父さんから受け取った手紙には，「君は，毎日の生活に必要な品物ということから考えると，たしかに消費ばかりしていて，なに一つ生産していない。しかし，自分では気がつかないうちに，ほかの点で，ある大きなものを，日々生み出しているのだ。それは，いったい，なんだろう。」（141頁）とあります。さて，一体，コペル君は何を生み出しているというのでしょう。

（2）グループで，日々の思いを詩にして発表したり，作文にして朗読したりする活動を通じて，自他に対する気持ちの変化とこの活動のもつ意味を話し合ってみましょう。

（3）あなたは，クラス全員の賛同を得て学級委員に選出されました。どのような学級にしたいか抱負を3分間で述べてみましょう。

参考文献

片岡徳雄編著『個を生かす集団づくり』黎明書房，1976年。

姜尚中『悩む力』集英社，2008年。

深谷昌志『学校とは何か──「居場所としての学校」の考察』北大路書房，2003年。

吉野源三郎『君たちはどう生きるか』岩波書店，1982年。

旭川市立神楽中学校「特別活動」2009年。

北海道旭川東高等学校「ホームルーム活動」2009年。

北海道教育大学教育学部附属旭川小学校「教育課程・道徳・特別活動編」2003年。

（須田康之）

第5章 児童会活動と生徒会活動

　本章では，教育課程における児童会活動と生徒会活動の位置づけを明確にし，その目標や教育的意義を述べる。児童会・生徒会活動は，「学級活動」「クラブ活動（小学校のみ）」「学校行事」とともに「特別活動」を構成する重要な活動である。教師の適切な指導のもと，児童生徒が自ら主体的に学校生活を楽しく豊かにする自治的活動であり，全児童，全生徒を「会員」として組織するものである。その目標は，望ましい集団活動を通して児童生徒が良好な人間関係を形成し，学校の一員としてより良い学校づくりに参画するとともに，その過程を通して互いに協力し合うこと，ともに課題を発見し解決していくこと，さらにこれを支える自主的，実践的な態度を育むことにある。なお，児童会・生徒会活動の具体的な実践例は，本書の第12章を参照してほしい。

1　児童会・生徒会活動の目標，内容および特質

（1）児童会・生徒会活動の教育課程における位置づけ

　「児童会活動」及び「生徒会活動」は，「学級活動」「クラブ活動（小学校のみ）」「学校行事」とともに「特別活動」を構成する活動のひとつである。ここで児童会・生徒会活動の目標及び内容が，学習指導要領の中でどのように記述されているかを確認しておこう。

　周知の通り，2008（平成20）年3月に新しい学習指導要領が告示された。小学校の児童会活動については「第6章 特別活動　第2　各活動・学校行事の目標及び内容」の〔児童会活動〕で，また中学校の生徒会活動については「第5章 特別活動　第2 各活動・学校行事の目標及び内容」の〔生徒会活動〕で，それぞれその目標及び内容を次のように位置づけている。

第5章　児童会活動と生徒会活動

〔児童会活動〕
1　目標
　児童会活動を通して、③望ましい人間関係を形成し、集団の一員としてよりよい学校生活づくりに参画し、④協力して諸問題を解決しようとする自主的、実践的な態度を育てる。
2　内容
　学校の①全児童をもって組織する児童会において、②学校生活の充実と向上を図る活動を行うこと。
（1）児童会の計画や運営
（2）異年齢集団による交流
（3）学校行事への協力

〔生徒会活動〕
1　目標
　生徒会活動を通して、③望ましい人間関係を形成し、集団や社会の一員としてよりよい学校生活づくりに参画し、④協力して諸問題を解決しようとする自主的、実践的な態度を育てる。
2　内容
　学校の①全生徒をもって組織する生徒会において、②学校生活の充実と向上を図る活動を行うこと。
（1）生徒会の計画や運営
（2）異年齢集団による交流
（3）生徒の諸活動についての連絡調整
（4）学校行事への協力
（5）ボランティア活動などの社会参加

（文中の数字及び下線はいずれも筆者による。以下同様。）

　改訂前の学習指導要領が児童会・生徒会活動の内容に力点を置いた記述であったのに対して、新学習指導要領では上記のように「1　目標」と「2　内容」の項目を立て、両者を明確に峻別したことに特徴がある。ここから、児童

会・生徒会活動とは、①すべての児童生徒が参画し、②学校生活の充実と向上を図る活動に取り組むことを通して、③望ましい人間関係の形成と集団の一員としての自覚を育み、④ともに協力して問題の解決に当たろうとする自主的・実践的な態度を育むことを目的とした活動と位置づけていることが判る。特に③の「望ましい人間関係の形成と集団や社会の一員としての自覚を育む」という観点は、今回の学習指導要領改訂によって新たに盛り込まれたポイントである。

（２）児童会・生徒会活動の特質

それでは①から④のポイントに従って、児童会・生徒会活動の特質を、もう少し詳しく検討してみよう。

まず「①すべての児童生徒が参画する」ことについて。児童会・生徒会活動は、いわゆる「役員」の子どもたちだけを活躍させるものではない。すべての児童生徒が「会員」であり、そのひとりひとりが主役であることに注意を促したい。また、学年や学級の枠を越えた組織による活動であり、異年齢集団を構成することが前提となる。児童会・生徒会活動とも、その内容に「（２）異年齢集団による交流」を掲げる理由は、それがもつ教育効果に期待してのことである。

次に「②学校生活の充実と向上を図る活動に取り組む」ことについて。児童会・生徒会活動は、学校生活全体に関わる問題を、個々の児童生徒の視点から「発見」し、これを全員が「わがこと」として受け止め、その解決に向けてみんなで取り組むことをめざす営みである。児童会・生徒会活動は、各学級の代表から成る代表委員会のほか、特定の役割を担った各種の委員会が構成することになるが、それぞれがそれぞれの立場で学校生活全般に係る課題を発見し、問題を提起し、その解決に向けた取り組みへとすべての児童生徒を巻き込んでいくことが必要である。

「③望ましい人間関係の形成と集団の一員としての自覚を育む」ことについて。今回の学習指導要領改訂が、児童会・生徒会活動の「目標」として第一義的に掲げたものが、「望ましい人間関係の形成」と「集団の一員としての自覚」

を育むことであった。その背景には，他者との関わりを良好に紡げない，それゆえに他者や集団あるいは社会の中での自分の位置を適切に把握したり，その関係性を自ら編み直そうとしたりすることができない，そのため集団の一員として豊かな社会性と協調性に基づいた振る舞いができず，結果として規範意識の低い，自分に自信のもてない児童生徒が増えているという認識がある。特別活動の充実は，望ましい集団活動を通して子どもたちの社会性を育むことをめざすものである。なかでも児童会・生徒会活動は，「学級」を中心とする日々の生活では固定しがちな他者の視線（「あの子はこういう子だ」といったラベリング）から子どもを解放し，それまで表立って見えることの無かったその子の「良さ」を開く場ともなり得るのである。

「④ともに協力して問題の解決に当たろうとする自主的・実践的な態度を育む」ことについて。児童会・生徒会活動は，教師のための，あるいは教師の下請けを子どもにさせる活動ではない。そうではなく，児童生徒が自ら課題を発見し，相互に協力しながら全員でその解決に取り組む，児童生徒のための<u>自治的活動</u>である。さらに付け加えるならば，児童会・生徒会活動がめざしている集団形成のポイントは，単なる「なかよし集団」を作ることではない。みんなで意見を出し合って，一定の課題をとりあげ，ともに手を携えてこれを解決するための「課題解決型の集団」を育むことが重要である。もちろん，このことは単に児童会・生徒会活動だけに限ったことではなく，教室での日々の授業における学習集団づくりを中心として，学校生活のすべてに関わることである。しかし，異年齢，かつ通常の学級とは異なる枠で新たに築かれる児童会・生徒会活動の関係性の中でこそ，こうした課題発見と課題解決に向けた集団づくりの可能性が開かれるとも言えるだろう。

（3）なぜ「自治的活動」か？：教師の指導性の位置づけをめぐって

注意深い読者ならすでに気がついているかも知れない。児童会・生徒会活動を形容する際，なにゆえ「自治活動」と断言せず，「自治<u>的</u>活動」と，わざわざ「的」の一字を間に挟み，曖昧な表記をするのだろうか？と。実はこの「的」の一字の中にこそ，「適切な教師の指導性を発揮すること」という意図が

込められているのである。

　すでに述べてきたとおり，「児童会・生徒会活動」とは，児童生徒自身による，児童・生徒のための活動である。それゆえに，子どもたちの自主性や自発性は何よりも大切にされなければならない。自ら考え，自ら判断し，自ら行動できる子どもを育むことが，児童会・生徒会活動の目的だからである。

　しかしそれはすべてを子どもたちに丸投げする「放任」によって成し得るものでは無い。すなわち，児童生徒の自発的で自主的な活動には，他ならぬ教師の「適切な指導性」が不可欠なのである。学習指導要領では，児童会・生徒会活動の「目標及び内容」に続けて，「第3　指導計画の作成と内容の取扱い」の中で，その取扱いに係る配慮事項として次のことを挙げている。

> （小学校）
> （1）〔学級活動〕，〔児童会活動〕及び〔クラブ活動〕の指導については，指導内容の特質に応じて，①教師の適切な指導の下に，児童の自発的，自治的な活動が効果的に展開されるようにするとともに，内容相互の関連を図るよう工夫すること。また，よりよい生活を築くために②集団としての意見をまとめるなどの話合い活動や③自分たちできまりをつくって守る活動，④人間関係を形成する力を養う活動などを充実するよう工夫すること。
> （3）〔児童会活動〕の運営は，主として高学年の児童が行うこと。
>
> （中学校）
> （1）〔学級活動〕及び〔生徒会活動〕の指導については，指導内容の特質に応じて，①教師の適切な指導の下に，生徒の自発的，自治的な活動が効果的に展開されるようにするとともに，内容相互の関連を図るよう工夫すること。また，よりよい生活を築くために②集団としての意見をまとめるなどの話合い活動や③自分たちできまりをつくって守る活動，④人間関係を形成する力を養う活動などを充実するよう工夫すること。

　小学校，中学校ともに，下線部の①に注目しよう。そこには「教師の適切な指導の下に，生徒の自発的，自治的な活動が効果的に展開されるようにする」

とある。すなわち，児童会・生徒会活動は「教師の適切な指導」のもとになされる活動なのであって，「自主性，自発性」の美名のもとに子どもたちを「放任」することを正当化するものではないのである。

2　児童会・生徒会活動の現実的問題

(1) 児童会・生徒会活動の年間授業時数

　第1節で述べたような児童会・生徒会活動の理念や目標，あるいは学習指導要領における規定はともかく，これまで実際にあなたが経験してきた児童会・生徒会活動を，あなた自身はどのように記憶しているだろうか？　児童会・生徒会の役員として一生懸命に取り組み，小学生あるいは中学生時代の記憶の多くがその活動とともにある人もいるだろう。そのいっぽうで，良く判らないままに何かの委員になっていて，月に一度，有るか無いかの委員会活動で，あまり馴染みのない上級生や下級生に挟まれて，気がつけば何事かが決まったような，決まらないまま過ぎたような，そんな午後の日の1時間を，朧気にしか憶えていない人もいるだろう。人による濃淡はともかく，このような思いを抱かせる児童会・生徒会活動は，年間でどれほどの授業時数を費やすべく定められているものなのだろうか。まずはこの点を確認しておこう。

　学校教育法施行規則の附則，別表第一（第51条関係）及び別表第二（第73条関係）は，それぞれ小学校と中学校の学年ごと，教科・領域ごとの授業時数を規定している。その中で「特別活動」には，いずれの学年も年間で35時間（小学1年生のみ34時間）の時間を割り当てている。しかし，別表第一及び別表第二の備考欄を見ると，「特別活動の授業時数は，小学校（中学校）学習指導要領に定める<u>学級活動（学校給食に係るものを除く。）に充てるものとする。</u>」とある（下線は筆者による）。

　すなわち，学習指導要領は「特別活動」を「学級活動」「児童会・生徒会活動」「クラブ活動（小学校のみ）」「学校行事」という4つの活動・行事から成ることを定めているにもかかわらず，学校教育法施行規則は，「特別活動」に割り当てている年間授業時数のすべてを，4つの活動のうちの「学級活動」だ

第2部　特別活動の内容

けに振り向けるよう規定しているのである。これは一体どういうことだろうか？

（2）学校の裁量に委ねられる児童会・生徒会活動

　ここで改めて学習指導要領に注目しよう。小学校，中学校ともに，「第1章 総則」の「第3 授業時数等の取扱い」を見ると，そこには次のような記載がある。

> （小学校）
> 2　特別活動の授業のうち，児童会活動，クラブ活動及び学校行事については，それらの内容に応じ，年間，学期ごと，月ごとなどに適切な授業時数を充てるものとする。
>
> （中学校）
> 2　特別活動の授業のうち，生徒会活動及び学校行事については，それらの内容に応じ，年間，学期ごと，月ごとなどに適切な授業時数を充てるものとする。

　すなわち，学級活動を除く他の特別活動については，「内容に応じて適切な授業時数を充てる」としか規定しておらず，厳密な授業時数を割り当てていないのである。この理由を知るために，今度は小学校と中学校の「学習指導要領解説総則編」に注目しよう。小学校，中学校ともに「第3章　教育課程の編成及び実施」の「第3節　授業時数等」の「3 特別活動の授業時数」を見ると，そこには次のような記載がある。

> （小学校）
> 　特別活動のうち，児童会活動，クラブ活動及び学校行事の授業時数については，①学校教育法施行規則では定められていないが，学習指導要領第1章総則第3の2において，児童会活動，クラブ活動及び学校行事の授業時数については，②それらの内容に応じ，年間，学期ごと，月ごとなどに適切な授業時数を充てることとしている。これは，これらの活動の性質上③学校ごとの特色ある実施が望まれるものであり，④その授業時数を全国一律に標準として定めることは必ずしも適切で

第5章　児童会活動と生徒会活動

いことによるものである。
　　　　　　　　　　（中略）
　したがって，児童会活動，クラブ活動及び学校行事については，⑤各学校において地域や学校の実態を考慮して実施する活動内容とのかかわりにおいて授業時数を定める必要がある。
　　　　　　　　　　（後略）

（中学校）
　特別活動のうち，生徒会活動及び学校行事の授業時数については，①学校教育法施行規則では定められていないが，学習指導要領第1章総則第3の2において，生徒会活動及び学校行事の授業時数については，②それらの内容に応じ，年間，学期ごと，月ごとなどに適切な授業時数を充てることとしている。これは，これらの活動の性質上③学校ごとの特色ある実施が望まれるものであり，④その授業時数を全国一律に標準として定めることは必ずしも適切でないことによるものである。
　生徒会活動及び学校行事については，⑤各学校において地域や学校の実態を考慮して実施する活動内容とのかかわりにおいて授業時数を定める必要がある。
　　　　　　　　　　（後略）

　小学校，中学校ともにほぼ同じ文言であるが，ここから児童会・生徒会活動に費やす授業時数を，国が全国一律に標準として定めることは適切ではなく，むしろ，各学校の実態やその所在する地域性に応じて，柔軟かつ適切に定めることが望ましいと考えられていることがわかる。
　それでは現実に各学校では，児童会活動や生徒会活動に，どれくらいの年間授業時数を割り当てているのだろうか。次の表5－1は，A小学校の特別活動にかかる年間授業時数を，4つの活動ごとに示したものである。学校教育法施行規則に則って，「学級活動」には年間35時間（1年生は34時間）を割り当てていることが判る。そのいっぽう，児童会活動にかける授業時数は相対的に少なく，高学年（5・6年）でも全体の20％を切っていることがわかる（さらにこの数字は，こうした委員会活動に携わる児童生徒と，そうではない児童生徒との間で大きく異なってくる）。
　もちろん，このA小学校の事例が全てではない。地域や学校の実情に応じた

第2部　特別活動の内容

表5－1　A小学校における特別活動の学年別授業時数（事例）

		1年生	2年生	3年生	4年生	5年生	6年生
学級活動		34	35	35	35	35	35
児童会活動	代表委員会活動			毎月第3水曜日の6校時（各11）			
	各種委員会活動				1	11	11
	全校集会活動	2	2	4	4	4	4
	小計（A）	2	2	15	16	26	26
クラブ活動				※（1）	11	11	11
学校行事		62	66	72	76	92	86
合計時数（B）		98	103	111	127	153	147
比率（A/B）		2.0	1.9	13.5	12.6	17.0	17.7

（注）1　※3年生のクラブ活動（1）は学級活動の時数に組み入れ，上級生のクラブ活動見学に充てる。
　　　2　各種委員会活動は毎月第1水曜日の6校時に実施する。

時数の増減はあるだろう。しかし実際には，児童会・生徒会活動に割り当てる授業時数は，特別活動全体の概ね2割前後に止まる学校が多いのではないだろうか。

（3）授業時数からみた児童会・生徒会活動の現実的問題

このように，児童会・生徒会活動の授業時数には法的な規定がなく，各学校の裁量に任されている。しかし多くの学校では，またどれほど特別活動に力を注いでいる学校でも，児童会・生徒会活動は，月に1回程度の委員会活動にいくばくかの時数を積み上げた程度に止まるのが現実であろう。すなわち，決して多いといえない授業時数の中で，学習指導要領が規定する児童会・生徒会活動の内容を踏まえ，その目標や理念を達成することが求められているのである。

　この事実から児童会・生徒会活動の問題を考えて見よう。年間を見渡したとき，月に1度しか開かれない会議で物事を決め，それを動かそうとすることは，大人でさえ容易なことではない。しかもその集まりは，慣れ親しんだ友人ではなく，普段はあまり顔を合わせることのない同学年の児童生徒，そして上級生や下級生との間で行われる。学級での暮らしが，どちらかというと「私」の領域に近いものであると考えるならば，月に1回の委員会での集まりは，子どもたちの日常生活からは大きく隔たったものだといえる。

　しかしそれは，児童会・生徒会活動の集まりがより「社会」に近い「公」の

集まりだということを意味している。したがって，限られた時数となじみのない人間関係の中に展開する児童会・生徒会活動は，それゆえに一定の教育的意味をもつのである。ただしその場合には，教師による周到な準備と適切な配慮がなければならないし，また児童会・生徒会活動だけを単独で切り離して考えるのではなく，他の特別活動等との有機的な連携を意図したものでなければならない。

3 児童会・生徒会活動の問題点の克服

（1）児童会・生徒会活動の組織

児童会・生徒会活動を支える組織は大きく分けて5つある。一つは各学級の代表から構成する「代表委員会」であり，すべての児童生徒に情報を伝え，またその意見を集約し，全体に反映させる役割を担っている。また一つは校内のさまざまな業務に従って専門分化した常設の「各種委員会」（生活，保健，放送，広報，図書，美化，園芸，ボランティア等）である。さらに，特別な行事等の必要に応じて編成される「実行委員会」（体育祭，文化祭実行委員会，選挙管理委員会等）がある。これらのさまざまな委員会の連絡調整を務め，全体を見渡した運営を支えるのが「児童会（生徒会）事務局（あるいは執行部）」である。そして，こうした取り組みにかかる意志決定機関としての「児童（生徒）総会」がある。

このような組織は，決して上意下達を前提に，意志決定と情報伝達をスムースにしようとするだけの官僚制的な機構として作られるべきではない。また，一方が「頭脳」で他方が「手足」であるといった位置づけにあるものでもない。学校生活の質の向上と改善に資するべく，各々が各々の役割を担い，その課題発見と解決に取り組むよう，それぞれがプライドをもち，これを互いに認め合い，支え合うかかわりを築くことが大切である。

また，こうしたさまざまな委員会組織が，動かしようのない機構として在ることを前提として，そこへ児童生徒をあてがうことだけを全てと考えてはならない。むしろ，学校の状況に応じて，あるいは子どもたちの必要に応じて，子

どもたち自身がその仕組みを組み替えたり，新たな組織を創ったりする余地をもたせることが必要である。子どもたちの目から見た学校の課題や改善すべき問題点は，時代とともに，またその学年とともに変化する。そうした課題や困難に対応できるよう，常設の委員会活動であっても，常に新たな課題を発見し，これを解決しようとする創造的な取り組みが必要である。「例年通り」の行事や方法を踏襲するのではなく，「なぜこの活動に取り組むのか？」「他にふさわしい方法は無いか」といったことを，児童生徒が自らの言葉で語り合うことが必要である。さらにいえば，子どもたちの必要に応じて新たなプロジェクトが立ち上がったり，そのためのワーキンググループが子どもたちの自発性に基づいて出来上がったりするような柔軟性も必要である。

(2) 誰が役員を務めるのか？

児童会・生徒会活動は，他の学校教育活動と同様に，民主的な市民を育むという重要な役割を担っている。ここで「民主的な市民」とは，①自らの考えを明確にもち，②それと等分に他者の考えを柔軟に受け止め，③話し合いの過程を経て，相互に受け容れ可能な新たな価値を創造しようとする者，と考えよう。

このような意味での「民主的な市民」を育てようとするとき，児童会・生徒会活動はどのような貢献を成し得るだろうか。確かなことは，児童会・生徒会活動が，子どもたちにとって市民性を獲得する重要な訓練の機会になるということである。たとえば各委員会で役員を決める過程そのものが，そうした機会となるだろう。

役員は特別なエリートではない。それを「エリート」として孤立させてしまうのは，業務の遂行に必要な「資質」や「能力」をあらかじめ持ち合わせた者を，選ぶ側も選ばれる側も，無意識のうちに前提としてしまうからである。優れた資質や能力をもつ者に役員を委ねるのではない。優れた資質や能力を育む機会を与えるために，役員を委ねるのだと考えたい。そのことは同時に，役員とはならなかった児童生徒に対して，役員に決まった者を一生懸命に支える態度を育む機会を与える，ということを意味するのである。

「ふさわしい者がリーダーを務めることが，他の子どもにとって身近なモデ

ルになる」とか，「ふさわしくない者がリーダーを務めると，かえってその子ども自身を追い込んでしまう」といわれることがある。しかし果たしてそうだろうか？　前者はともすると教師の下請けに子どもを扱うことになり，後者は「子どものため」を隠れ蓑にして，やはり教師の都合が優先し，もしかすると，その子がリーダーとして著しく成長するかもしれない芽を摘んでいることになりはしないだろうか？　大切なことは，誰であれ，決まったリーダーを周囲が支えること，すなわちリーダー以外の子どもたちに対して，教師がどのような指導性を発揮するかにかかっているといえるだろう。すなわち，教師の指導性は，「役員」と「役員以外」といった個別の児童生徒に振り向けられるのではなく，両者の「関係性」に対して発揮されなければならないのである。

(3)「選挙」と「輪番制」との間の道を探る

　このように考えると，特定の児童生徒を「選挙」によって選んだり，あるいは多くの児童生徒が役員を経験できるように，平等な「輪番制」を採用したりすることが，ある種の両極端に位置していることが判るだろう。前者の場合は個人の資質や能力や意欲を先鋭化させやすいために，リーダーとなった児童生徒の孤立を招きやすい。いっぽう後者の場合は，そこに教師の繊細で緻密な配慮が無ければ，「悪しき平等主義」に陥るばかりではなく，リーダーを務める児童生徒に多大な負荷をかけ，やはり孤立させることになってしまう。

　それでは，この両極の間の道とは，いったいどのようなものだろうか。ここで，児童会・生徒会活動が，すべての児童生徒の参加を前提にしていることを思い出してみよう。つまりそれは，リーダーシップに係る資質・能力・意欲を育む機会が，すべての児童生徒に開かれているものと解すべきである。たとえば関根（2009）は次のように述べている。

> 　リーダーを育成していく際には，企画力や行動力，統率力を発揮し率先して目標達成に努力する力と，集団の人間関係の円滑化を図り，弱い者やできない者に心を配り，できるだけみんなの力を発揮させようとする調整力をつけさせる指導が必要である。
> 　　　　　　　　　　　　　　　　　　　　　　　　　（関根，2009：340）

ここで関根が指摘するとおり、リーダーシップには２つの側面がある。ひとつは課題を発見し、これを解決しようとする課題遂行的な側面である。いまひとつは、集団の中の支え合いと助け合いを促し、良好な人間関係を保とうとする集団の秩序維持（形成）的な側面である。前者を駆動力のあるエンジンととらえれば、後者は車内の居住性を快適に保つ優れたサスペンションといえるだろう。

　課題遂行的なリーダーシップを発揮することが得意な子もいれば、集団維持的なリーダーシップ（縁の下の力持ち）を発揮することが得意な子もいるだろう。もちろん、そうした資質を伸ばしてやることは大切である。しかしそのいっぽうでこんなふうにも考えたい。つまり普段から課題遂行的な振舞いのできる子には、むしろムードメーカーとして周囲の人間関係に配慮し、リーダーを支える側に回る経験をさせる、逆に普段からムードメーカーの資質のある子には、責任をもって仲間を引っ張るリーダーを経験させる、といったことである。

　もちろん、このことは機械的に役割を交替すれば良いということではない。いま現在のその子に、この役割を与えたとしたら、この子はどのように成長し、またその周囲の子どもたちも高まっていけるのか、その関係性をいかに教師が洞察し、指導力を発揮するかが鍵となるのである。

（4）話し合いの手立て

　前に確認したとおり、児童会・生徒会活動に割かれる授業時数は学校の裁量に委ねられている。しかしそれは特別活動全体の中でも決して多いものではない。しかもその集まりは、普段から馴染んだ学級の仲間集団ではなく、学級や学年の枠を取り払った、異年齢を中心としたものであり、子どもたちには限りなく「公」に近いものである。それゆえに、誰もが引っ込み思案になってしまい、話し合いがそもそも成り立たないことさえ起こり得る。

　しかし、だからこそ子どもたち一人一人が自己表現力を磨き、話し合いの手立てを身に付けることが必要であり、これを指導するうえで児童会・生徒会活動ほどふさわしい機会はないのである。ここではそのための具体的な手立てに

ついて考えてみよう。

　児童会・生徒会活動が充実するには，それぞれの委員会活動が充実しなければならない。すなわち各委員会が「何を課題とするか」「その課題を解決するための具体的な手立てをどうするか」をめぐって，充実した話し合いが展開するよう指導する必要がある。

　通常の授業であれば，その課題設定は教師に委ねられている。しかし児童会・生徒会活動は，「何を課題とするか？」という課題設定そのものを，子どもたちの話し合いと合意に委ねなければならない。その話し合いが豊かに展開するために，「生産的思考」と呼ばれる次のA〜Cの3つのステップを指導することを考えたい。

A　発散的思考（考えを出し合い，さまざまな意見を集める話し合い）

　「考え」というものは，ともすると独り善がりになりがちである。「自分の考え」を求められると，大人でさえ，そこには自分のエゴが乗りやすくなってしまう。「話し合いの場」は，発言力のある児童生徒の自己実現の場では無い。そこに集うすべての子どもたちが，「自分の意見をもてるようになること」も大切であり，あわせて指導したいことは，「ひとりひとりがさまざまな立場・角度から物事を受け止め，考えられるようになること」である。そのためには，話し合いの場において，「考え」に「エゴ」を乗せさせないようにする工夫が必要である。

　たとえばその工夫とは，①ひとつのテーマについて，ひとりが複数（できれば3つ程度）の意見を出すように求める，②そののちに3〜5人程度の小集団を編成し，前の①で個人が挙げた意見を並べてみる。①は，「意見」に「エゴ」を乗せさせないための工夫である。複数の意見を考えるように仕向けることで，子どもたちは他者の視点を取らざるを得なくなる。そして考えた意見が，②で小集団となったとき，他のメンバーも同様のことを考えていれば，そこに一定の「共有」が生じるだろう。

　ひとりの中で多くの意見を考えさせることは，個人の中に「他者視点」を獲得させることである。ひとつの物事に対して複眼的な視点を獲得させることである。もちろん，これには子どもの発達段階を考える必要もあるだろう。しか

し，児童会・生徒会活動だからこそ，通常の授業等とは異なる意味で，より高い要求水準を掲げるべきだともいえるだろう。

B 収束的思考（考えを分類し，束ねる話し合い）

　個人から出た多様な意見を分類し，まとめていく話し合い。ここではまず，個人の意見に対して，彼／彼女が何故そのように考えたのかを，周囲の子どもたちが一生懸命に耳を傾けることが必要である。ひとりが紙に書いた意見，求められて口頭で発した意見，これらはいずれも，「事の端（ことのは）」であり，その子どもの思いを正確に表したものでは無い。むしろその背後で，子どもたちがどのように考えをめぐらせ，その意見をもつに至ったのか，これを周囲が引き出し，理解を深める話し合いとしたい。そのうえで個々の意見を比較し，関連づけ，分類する。その際，「多くの人が挙げた意見」「少数意見だが大切にしなければいけない意見」「他のグループからは決して出そうにない意見」などといった具合に，まとめる方向性を教師があらかじめ示すことも大切であろう。

C 収斂的思考（複数の考えからひとつを選び，全体に伝えるものを判断する）

　個々の児童生徒の考えを，いくつかの視点や基準に従って分類しても，そのすべてを実現したり，取り扱ったりすることは不可能である。収斂的思考とは，その小集団が複数ある意見の候補の中から最終的にどれを全体に提案するのか，またその根拠は何かを判断し，決断するための話し合いである。このようなプロセスを経て，それぞれの小集団でとりまとめた意見を全体に表明することになるが，その提案者は必ずしも発言力のある子どもである必要は無い。むしろ，どの子どもにもそうした提案や発言の機会が与えられるべきであり，その子の発言を支えられる周りの子どもたちの成長をも期すことが重要であろう。

（5）自治的活動による学校生活の充実と向上をめざして

　最後に，アメリカの教育社会学者であるウィラード・ウォーラー（Willard Waller）の『学校集団』から下記の一節を引用し，本章のまとめとしよう。児童会・生徒会活動は，決して多いとはいえない授業時数で展開せざるを得ない。しかしそれは他の特別活動との連携も視野に含めると，児童生徒の学校生活全

体を充実させ，向上させる核に位置付いている。そのことを念頭に置きながら，決して形式主義に陥ることの無い活動に取り組むことが求められるだろう。

> 　学校社会の機構は自然でなくてはならない。しかし，混乱，無統制でいいというわけではない。生徒と教師とが事態の進展に応じて，自分たちで作り出して行く機構。みんなのパーソナリティから生れた秩序。すべての者が自発的に，やむにやまれぬ気持ちから全身全霊をこめて，働きかけあうところに生まれる秩序―それが自然な機構である。学校の任務は生徒に手をかして，各自与えられた材料で自分の生活を設計させることである。　　　　　　　　　　（ウォーラー，1957：557）

学習課題

（1）学習指導要領，学習指導要領解説総則編，同特別活動編，学校教育法施行規則等を参照して，児童会・生徒会活動がどのように位置づけられているか確認しよう。
（2）話し合い活動をより実りのあるものにするための司会者の役割について考え，これを子どもたちに指導する手立てをみんなで話し合ってみよう。
（3）児童会・生徒会活動と他の特別活動との連携について，特定の学校の年間指導計画等を踏まえ，その実践事例を調べよう。

参考文献

片岡徳雄『特別活動論』福村出版，1990年。
関根廣志『「自主協同学習」による心の教育，生徒指導，道徳・特別活動』2009年。
高旗正人・倉田侃司編著『新しい特別活動指導論』ミネルヴァ書房，2004年。
W.ウォーラー，石山脩平・橋爪貞雄訳『学校集団』明治図書，1957年。

（高旗浩志）

第6章 学校行事

　本章のテーマは，学校行事である。第1節では，まず学校行事の歴史について説明する。学校行事が今日のように正規のカリキュラムに組み込まれる以前にどのように位置づけられていたのか，という点について論じる。次いで，学校行事の種類と内容およびその意義等について説明する。
　第2節では，学校行事の教育効果に着目した実証的研究を2つほど紹介する。1つは学校行事といじめとの関連に着目した研究であり，もう1つは集団宿泊的行事の教育効果に着目した研究である。これらを紹介する中で，学校行事の可能性について論じる。
　第3節では，学校行事の展開上の問題として教員間連携の問題を取り上げる。教員間連携を阻害する要因は何なのか，それらを克服する上でどういったことが求められるのか，という点について論じる。

1　学校行事の歴史およびその種類と内容

（1）学校行事の歴史

　学校行事が法的に位置づけられるようになったのは，小学校・中学校では1958（昭和33）年，高等学校では1960（昭和35）年における学習指導要領（以下，指導要領と呼ぶ）の改訂による。この時期，学校行事は各教科や道徳，特別教育活動と並ぶ一つの領域としての位置づけを獲得した。
　その後，小学校においては1968（昭和43）年，中学校においては1969（昭和44）年の指導要領の改訂の際に「特別教育活動」と「学校行事等」とが再編・統合され，「特別活動」に一本化された。このことにより，学校行事は「特別活動」を構成する1つの内容となった。
　一方，高等学校においては1970（昭和45）年の指導要領の改訂の際に，学校行事は「各教科以外の教育活動」を構成する一つの内容となった。「各教科以外の教育活動」は1978（昭和53）年の指導要領改訂の際に「特別活動」に名称

変更され、このことにより、高等学校においても学校行事は「特別活動」を構成する一つの内容となった。

　以上のことからわかるように、学校行事が正規のカリキュラムに組み込まれるようになったのは、それほど古いことではない。それでは、正規のカリキュラムに組み込まれる以前において、学校行事はどのような位置づけにあったのであろうか。

　実は学校行事の歴史は古く、その起源は明治時代にまでさかのぼる。今日における学校行事に該当する活動、すなわち儀式的行事や勤労生産・奉仕的行事といった活動は、法的位置づけを獲得する以前にすでに学校教育における重要な教育活動として位置づけられていたのである。活動の具体的内容については山田（2002）に詳しい。そこで、以下では山田を参考に、戦前・戦中に行われていた儀式的行事および勤労生産・奉仕的行事について紹介したい。

　まずは儀式的行事についてである。学校儀式のひな型は、1891（明治24）年6月の「小学校祝日大祭日儀式規定」および1900（明治33）年8月の「小学校令施行規則」に見ることができる。たとえば、「小学校祝日大祭日儀式規定」には、"紀元節・天長節・元始節・神嘗祭・新嘗祭においては学校長、教員、生徒一同式場に参集して儀式を行う"、と規定されている。儀式の具体的内容については、"「教育ニ関スル勅語」を奉読し、また勅語に基づいて訓示をなすべきこと"などがあげられている。

　また、1941（昭和16）年3月の「国民学校令」では国民学校の目的として「皇国ノ道ニ則リテ初等普通教育ヲ施シ国民ノ基礎的錬成ヲ為ス」ことが目的として掲げられ、儀式や行事があらためて重視されることとなった。

　次に、勤労生産・奉仕的行事についてである。これらの行事は、大正時代に農村部において「桑苗植付け」「イナゴ取り」「ウサギ取り」などの農事作業として盛んに行われていた。これらの行事は昭和10年代の「非常時」になると、食料を確保するための手段として全国的に行われるようになった。

　これらの活動は当時の国家主義的・軍国主義的色彩が濃く、今日における学校行事とはその目的を異とする。また、教育課程からの位置づけという点から見ても、今日のように正規のカリキュラムに組み込まれていたわけではなく、

「課外活動」として位置づけられていた。

　しかし、"学校行事の歴史が古いこと"、また、"学校行事は重要な教育活動としての位置づけを担っていたこと"、少なくともこの２点については押さえておく必要があるだろう。

（２）学校行事の種類と内容

　学校行事は、「儀式的行事」、「文化的行事」、「健康安全体育的行事」、「遠足（旅行）・集団宿泊的行事」＊、「勤労生産・奉仕的行事」の５つに大別される。長沼ほか編（2005）は、これら５つの活動を通した特質として、①多彩な内容をもつ総合的、体験的な活動である、②学校生活をより豊かに充実したものにする活動である、③より大きな集団や幅広い人間関係を通して学ぶ活動である、④学校行事への参加・協力を通しての自主的・実践的な活動である、という４つをあげている（29-30頁）。

　　＊小学校の指導要領では「遠足・集団宿泊的行事」とされているが、中学校・高等学校の指導要領では「旅行・集団宿泊的行事」とされている。

　以下では、５つの活動それぞれについて簡単に説明したい。

① 儀式的行事

　儀式的行事の具体的な活動内容としては、入学式・卒業式、始業式・終業式、開校記念日の儀式、朝会などがある。

　儀式的行事については、「学校生活に有意義な変化や折り目を付け、厳粛で清新な気分を味わい、新しい生活の展開への動機付けとなるような活動を行うこと」（指導要領から抜粋、以下同様）とされている。

　"学校生活に有意義な変化や折り目を付けさせる"という点に関しては、始業式を例に考えてみたい。子どもたちが夏休みのような長期休暇の後、すぐに気持ちを切り替えて規則正しい学校生活に再びのぞめるかといえば、なかなか難しいというのが現状であろう。このような状況のなか、始業式を行うことには非常に大きな意味がある。始業式に出席することによって、子どもたちは学校生活が再び始まることを明確に意識することができ、学習に対する構えも生まれてくると考えられるからである。

"厳粛で清新な気分を味わう"という点に関しては,入学式を思い起こしてもらいたい。入学式は,不安と期待に胸をふくらませた新入生を対象に,厳かな雰囲気のなか行われる行事である。この行事では,校長が祝辞を述べたり,校歌が斉唱されたりする。新入生は,このような行事に出席することにより,"厳粛で清新な気分を味わう"とともに,学校への所属意識を高め,新しく始まる学校生活への第一歩を踏み出すのである。

② 文化的行事

文化的行事＊の具体的な活動内容としては,文化祭,音楽会,図画工作の展覧会,映画や演劇の鑑賞会,講演会などがある。

文化的行事については,「平素の学習活動の成果を発表し（総合的に生かし）＊＊,その向上の意欲を一層高めたり,文化や芸術に親しんだりするような活動を行うこと」とされている。

＊以前の名称は学芸的行事である。
＊＊高等学校の指導要領では「平素の学習活動の成果を総合的に生かし」とされている。

注目すべきは,「平素の学習活動の成果を発表し」という箇所である。梶原(2000)は学校行事の特質の1つとして「平素の教育活動が如実に反映される活動である」(59頁)を挙げているが,このことはとりわけ文化的行事にあてはまるといえよう。音楽会を例にあげて考えてみよう。

音楽会では,学級単位や学年単位で合唱や楽器の演奏などが行われたりする。これらは決して付け焼刃でうまくいくようなものではない。音楽会が開催される数ヵ月前から子どもたちが繰り返し練習をすることによって,はじめて息のあった合唱や演奏が可能となるのである。このことは何も音楽会に限ったことではなく,文化祭や図画工作の展覧会についても同様である。文化的行事が成功裏に終わるかどうかは,日常的な教育活動の積み重ねがあるかどうかに大きくかかっているのである。

また,このような日常的な教育活動の積み重ねは,単に表面上文化的行事がうまくいくかどうかを左右するだけではなく,子どもたちが達成感や充実感を得ることができるのかどうかをも大きく左右する。この点からも,教師の普段

からの指導の重要性がうかがえよう。
③ 健康安全・体育的行事

「健康安全・体育的行事」の具体的な活動内容としては，健康診断，疾病予防，交通安全指導，避難訓練，体育祭，球技大会などがある。

「健康安全・体育的行事」については，「心身の健全な発達や健康の保持増進などについての関心（理解）を高め，安全な行動や規律ある集団行動の体得，運動に親しむ態度の育成，責任感や連帯感の涵養，体力の向上などに資するような活動を行うこと」*とされている。

> *小学校の指導要領では「心身の健全な発達や健康の保持増進などについての関心」とされているが，中学校・高等学校の指導要領では「関心」ではなく「理解」とされている。

"心身の健全な発達や健康の保持増進などについての関心（理解）を高める"という点に関しては，健康診断や疾病予防の果たす役割は大きいであろう。健康診断は，学校側にとっては子どもたちの健康管理上必要不可欠である一方，子どもたちにとっては自身の健康状態を把握する機会となる。また，疾病予防を通じて，子どもたちは健康な状態を保持増進するためには日頃からどういったことを心がけていく必要があるのかを学ぶ。健康診断と疾病予防は車の両輪のようなものであり，これら2つをうまく組み合わせることによって，子どもたちの健康に対する関心や理解が高まり，健康を保持増進しようとする積極的な態度も培われるのである。

"安全な行動や規律ある集団行動の体得，運動に親しむ態度の育成，責任感や連帯感の涵養，体力の向上"という点に関しては，交通安全指導や避難訓練，体育祭を例にあげて考えてみたい。"安全な行動の体得"といった場合，思い起こされるのは交通安全指導や避難訓練であろう。しかし，これらの行事だけで子どもたちが安全な行動を体得することができるか，といえば決してそうではなく，規律ある集団行動の体得が不可欠となる。たとえば，集団下校の際に各々が勝手な行動をしたら子どもたちが事故にあう危険性は飛躍的に高まるであろう。同様に，学校が火災にあった際に各々が我先にと逃げ出そうとすればパニック状態を引き起こし，被害は拡大するであろう。このような事態を防ぐ

ためにも，子どもたちが規律ある集団行動を体得することは非常に重要であり，子どもたちがそのような行動を体得する上で体育祭の練習（行進の練習や組み体操の練習など）はとても重要な役割を担っているのである。

　また，体育祭が"運動に親しむ態度の育成，責任感や連帯感の涵養，体力の向上"とも密接に関わっていることはあらためていうまでもないであろう。

④ 旅行（遠足）・集団宿泊的行事

　「旅行（遠足）・集団宿泊的行事」の具体的な活動内容としては，遠足，野外活動，社会見学（工場見学など），修学旅行，林間学校などがある。

　「旅行（遠足）・集団宿泊的行事」については，「自然の中での集団宿泊活動などの平素と異なる生活環境にあって，見聞を広め，自然や文化などに親しむとともに，人間関係などの集団生活の在り方や公衆道徳などについての望ましい体験を積むことができるような活動を行うこと」*とされている。

　　＊中学校・高等学校の指導要領では「自然の中での集団宿泊活動などの」という「平素と異なる生活環境」の修飾語や，「人間関係などの」という「集団生活の在り方」の修飾語が削除されている。

　"平素と異なる生活環境にあって，見聞を広め"という点に関しては，「旅行（遠足）・集団宿泊的行事」に該当するすべての活動にいえることである。先に具体的な活動内容として挙げた5つの活動を見てもわかるように，いずれも学校外での活動である。加えて，修学旅行や林間学校といった活動は，宿泊をともなう活動でもある。「旅行（遠足）・集団宿泊的行事」はこのような特質をもっているために，子どもたちにとっては生涯の思い出にもなり得る貴重な活動となり得るとともに，見聞を広める絶好の機会ともなり得るのである。

　"自然や文化などに親しむ"という点については，遠足や修学旅行を例にあげて考えてみたい。遠足では山登りなどを行うことで，植物や動物といった自然と触れあうことができる。修学旅行では史跡などを訪ねることによって，教科書でしか見ることのできなかった歴史的な建造物を間近に見ることができる。このような体験ができることに，「旅行（遠足）・集団宿泊的行事」の教育的意味がある。

　先述したように，「旅行（遠足）・集団宿泊的行事」は学校外での活動であり，

ときに宿泊もともなう活動である。それゆえ，子どもたちは浮かれがちとなり，ともすれば単なる物見遊山で終わってしまう，ということも起こり得る。このような事態に陥らないためにも，活動を行う前に事前指導をしっかりと行い，「旅行（遠足）・集団宿泊的行事」は単なる遊びではなく重要な教育活動である，ということを明確に意識させておく必要があろう。

"人間関係などの集団生活の在り方や公衆道徳などについての望ましい体験"という点に関しては，修学旅行や林間学校を例に挙げて考えてみたい。これら2つはいずれも宿泊をともなう活動であるため，子どもたちは数日間という短い間とはいえ一時的な集団生活を経験することとなる。それは子どもたちにとって，決して楽しいことばかりではない。朝は決められた時間に起きなければならないし，食事や入浴も決められた時間に行う必要がある。食事の後片付けや掃除も自分でしなければならない。このように，決められたルールのもと自分のことは自分で行うという体験を通じて，子どもたちは集団生活の在り方や公衆道徳について自然と学ぶことができるのである。

⑤ 勤労生産・奉仕的行事

「勤労生産・奉仕的行事」の具体的な活動内容としては，全校美化の行事，各種の勤労体験，職場訪問・見学，地域社会への協力活動，ボランティア活動などがある。

「勤労生産・奉仕的行事」については，小学校では「勤労の尊さや生産の喜びを体得するとともに，ボランティア活動などの社会奉仕の精神を養う体験が得られるような活動を行うこと」とされている。一方，中学校では「勤労の尊さや創造することの喜びを体得し，職場体験などの職業や進路にかかわる啓発的な体験が得られるようにするとともに，共に助け合って生きることの喜びを体得し，ボランティア活動などの社会奉仕の精神を養う体験が得られるような活動を行うこと」とされている＊。

　　＊高等学校の指導要領に記載されていることは概ね中学校のそれと同様であるが，「職業観」という言葉が見られる。

このように，小学校と中学校とでは指導要領の記載内容に大きな違いが見られる。中学校では，小学校に見られなかった「職場体験」という言葉や「進

路」という言葉が見られる。その最大の理由は，中学校で義務教育が終了するために，中学生は卒業後に進路（就職や進学）の問題を避けて通れないことにある。

　今日，高等学校への進学率は97％を超えており，進学はなかば当たり前のこととなっている。しかし一方で，3％弱の子どもたちは高等学校に進学しておらず，彼らの中には中学校を卒業して働く者も少なくない。それゆえ，中学校卒業後に就職する者に対して，職場体験などを通じて望ましい勤労観を身に付けさせたり，彼らの勤労意欲が高まるよう支援することは，学校教育の大きな課題であるといえよう。また，このことは何も就職する者に限ったことではない。あえて定職に就こうとしなかったり，働く意思のない若者たちが増加しているからである。

　職場体験活動として注目されている試みの1つに，「トライやる・ウイーク」というものがある。以下では，この試みを簡単に紹介したい。

　「トライやる・ウイーク」とは，兵庫県教育委員会主導のもと，公立中学校2年生を対象に1998（平成10）年度から開始された試みである。その目的は，中学生が職場体験や農林水産体験などの活動を通じて，豊かな感性や創造性などを自ら高めたり，自分なりの生き方を見つけることができるよう支援することにある。なお，「トライやる」の名称には，「挑戦する」（トライ）ということだけではなく，「学校・家庭・地域社会の3つが連携する」（トライアングル）という意味も込められている。

　「トライやる・ウィーク」の効果についての検証作業もなされており，それによれば，「学校では学べないことを体験できた」と回答した者はかなりの数にのぼっており，"達成感や自信，自己有用感などが高まった"と回答した者も多い。

　「トライやる・ウィーク」をモデルとした活動は全国各地で行われており，今後も活動の充実が期待されるところである。

2　実証的研究に見る学校行事の可能性

　特別活動が大きな教育効果を有するということは，現職教員によって経験的に理解されていた。一方で，そのことを裏づける実証的な研究が少ないということが以前から指摘されていた。

　それでは，学校行事の教育効果に着目した実証的研究にはどういったものがあるのか。以下ではいくつかの研究の結果を紹介し，学校行事の可能性について考えてみたい。

（1）学校行事といじめ

　まずは，学校行事といじめとの関係を示す研究結果を紹介したい。以下で紹介するのは，筆者が以前に論文としてまとめたものである。

　方法としては質問紙を用いた。調査対象は，徳島県内の小学校4校24学級に在籍する児童701名（4年生～6年生）および各学級の担任教師である。調査は2002年の2月中旬に実施した。

　具体的な分析の手続きとして，まずは学年・学級別に「いじめ認知率」を算出した。「いじめ認知率」とは，"これまでに学級内でいじめがあった"と回答した者の人数を学級全体の人数で割り，それに100をかけた値のことである。たとえば，40人のクラスにおいて20人の子どもが"クラスでいじめがあった"と回答した場合，「いじめ認知率」は50％となる（20÷40×100）。「いじめ認知率」が高い学級では，いじめが日常的に行われている可能性が高いと推測される＊。

　　＊「いじめ認知率」は，28.6％から100.0％の値であった。

　次に，「いじめ認知率」をもとに，学級を2つのグループに分けた。1つは「いじめ認知率が高い学級」であり，もう1つは「いじめ認知率が低い学級」である。これら2つのグループ間で学級集団の特性にどういった違いが見られるのかを検討したところ，「いじめ認知率が低い学級」は「いじめ認知率が高い学級」に比べ，次のような特性を強くもっていることが明らかとなった＊。

　　＊学級集団の特性に関する項目は，高木（1986）を参照している。

・わたしのクラスは，何か行事があるとみんなで協力しあうほうだ。
・クラスで決めたことは，みんなで守る。
・そうじはみんなで協力して早く終わらせる。
・クラスで何かするときは，みんな熱心である。
・わたしのクラスでは，何かこまったことがあると，みんなで話しあって解決する。
・わたしのクラスでは，学校行事（文化祭や体育祭）の準備がはかどるほうである。
・わたしのクラスでは，何かを決めるとき，みんなが話しあって決める。

これらに共通するのは「協調性」であり，「協調性」が高い学級においてはいじめが起きにくいといえるだろう。さらに注目すべきは，学校行事に関する特性が2つあることから，学校行事を通じていじめが起きにくい学級が醸成される可能性があるということである。

いじめ対策といった場合，いじめの特効薬のようなものが求められがちであるが，実際は学校行事などの日常的な教育活動の積み重ねが重要である，ということがこの研究結果からうかがえるであろう。

（2）集団宿泊的行事の教育効果

次に紹介するのは，修学旅行や林間学校に代表される集団宿泊的行事の教育効果に関する研究である。

佐伯ほか（2007・2008）は，質問紙法を用いて集団宿泊的行事（野外活動）の教育効果に着目した研究を行っている。調査対象は，静岡県内の公立中学校1校3学級に在籍する生徒105名（1年生）である。調査は2002年の5月と6月，あわせて2回実施されている。効果を測定するためには，行事参加前と行事参加後とで子どもたちがどのように変化したのかを見る必要があるからである。

変化を見るにあたっては，次の3つが着目されている。第一に，「学級内信頼感」である。具体的な質問項目は，クラスメイトにどれだけ心を許しているのかを示す内容となっている。第二に，「自己信頼感」である。具体的な質問

項目は，自分をどれだけ信じているのかを示す内容となっている。第三に，「他者理解」である。具体的な質問項目は，自分だけではなく他人をどれだけ理解しているのかを示す内容となっている。

研究により明らかとなった主だった事柄は，次のようなことである。
① 開始前後で「自己信頼感」の向上が見られた。
②「学級内信頼感」および「他者理解」については，開始前後で大きな変化は見られなかった。
③ 行事を通じて得られた体験の程度によって，「学級内信頼感」「自己信頼感」「他者理解」の得点が異なることが明らかとなった。

体験とは次の4つで，第一に「自然の美しさを感じた体験」，第二に「自己を開示し，他者とうまくかかわった体験」，第三に「班活動に協力し，円滑に活動した体験」，第四に「困難なことに挑戦し，達成した経験」である。

行事を通じてこれらの体験をした，と回答した者はそうでない者に比べ，「学級内信頼感」「自己信頼感」「他者理解」いずれの得点も高かった。

この結果は，集団宿泊的行事を子どもたちに単に体験させればよいというのではなく，行事を通じて子どもたちに感動体験や他者とかかわる体験，みなで協力する体験などをさせた場合に，集団宿泊的行事の教育効果がより一層高まることを示している。

集団宿泊的行事を実施するにあたっては，子どもたちの自主性を重んじる，というお題目のもと，すべてを子ども任せにするのではなく，子どもたちが行事を通じてさまざまな体験ができるよう計画的に準備しておくとともに，子どもたちが活動を行う際には助言をするなどの支援を行うことが重要であるといえよう。

特別活動における実証的研究の課題は少なくない。たとえば，瀬戸（2004）は課題として実践者と研究者との認識の相違などをあげている。実践者としての教師の関心は生徒の間で話し合い活動が行われること自体にあるのに対し，研究者の関心は話し合い活動を通じて生徒の中にどれだけ社会性が育まれたの

かにあるというのである。

　しかし，実証的研究により特別活動の教育効果の科学的裏づけをとることは，非常に大きな意味がある。それは，とかく経験や勘に頼りがちな教師の実践に対して，理論的基盤を提供し得る，ということである。このことにより教師は自信をもって実践を行うことが可能となる。また，特別活動に対して否定的な保護者に対して，学校側がその意義を積極的にアピールすることも可能となるであろう。今後益々の実証的研究が望まれるところである。

3　学校行事の展開上の問題とその克服の方向
──教師間の連携に着目して

　学校行事の教育的意義については，これまで述べてきた通りである。しかし，学校行事を効果的に展開していくためには，さまざまな問題が立ちふさがっている。たとえば，学校行事に消極的な子どもたちを参加させるよう仕向けるためにはどうすればよいのか，教員間連携をどのようにはかっていくのか，地域や保護者の協力を仰ぐためにはどうすればよいのか，地域や学校の特色を出すためにはどういったことが求められるのか，評価をどのようにするのか，など検討すべき問題は多い。

　このように問題は多々あるが，本節では教員間連携の問題に着目する。なぜなら，学校行事を効果的に展開する上で教員間連携は決して避けて通ることができないことであるとともに，教員間連携がうまくいっていないと他でいくら努力したところで学校行事が成功裏に終わる可能性は低いからである。

　教員間連携が必要である，ということについて異論を唱える人はほとんどいないであろう。教員間連携の重要性を示す研究結果も多い。たとえば福島(2003)は，900名以上の教員を対象とした調査（2000年に実施）をもとに，職場の人間関係と教育活動との関係について検討を行っている。そして，職場における意見交流が活発な学校ほど，学校の教育活動も熱心で，子どもも生き生きとしていて，地域からの評判もよく，学校経営に対する満足度も高いことなどを明らかにしている。

以上の研究結果からも，教員間連携の重要性がうかがえよう。しかし一方で，教員間連携がうまくいっていない学校があることもまた事実である。このことについて，教員志望の学生のみなさんの中には，"子どもに協力し合うことの大切さを教える立場にある先生がなぜお互いに協力し合えないのであろうか，協力し合えない先生は教員としての資質が乏しいのではないか"と考える人もいるであろう。しかし，教員間連携を阻むのは，決して教員としての資質の欠如などではない。それでは教員間連携を阻む要因は何なのか。以下ではこの問題について考えてみたい。

　山田（2003）は，800人以上の教員を対象とした調査（1998年に実施）をもとに，学校行事における教員間連携を阻む要因として，「学校行事の位置づけに関するさまざまな解釈の問題」と「学校行事の準備段階での情報のやりとりの問題」という2つに言及している。以下，それぞれについて説明しよう。

（1）学校行事の位置づけに関するさまざまな解釈の問題

　学校の他の諸活動（教科指導や部活動など）と学校行事との兼ね合いに関してはさまざまな立場がある。教科指導を重視する教員もいれば，部活動を重視する教員もいる。彼らの中には，普段の学校の時間を使って行事を準備したり実施したりすることに対して抵抗感をもっている者もおり，こうした教員は学校行事に対してあまり深く関わろうとしない。学校行事の改善についても，従来通りを希望する教員もいれば，新しい試みを取り入れたい教員もいる。両者の人数が拮抗している場合，当然のことながら調整が難しくなる。

　また，行事の中には競争的要素の強いもの（球技大会や合唱コンクールなど）もある。こうしたクラス対抗行事に教員が夢中になりすぎ，練習時間や練習場所に関するルールを侵すほどになると，教員間で確執が生じることがある。

　さらに，地域の人々や保護者を招待する学校行事（運動会や学芸会など）をどういった場として設定するのか，という点についても教員間で食い違いがある。「普段の学習成果をそのまま見せればよい」とする立場の教員もいれば，「学校の威信をかけて完璧なものを見せるべきだ」とする立場の教員もいる。このような立場の違いは，指導に関する基本的な考え方の違いを生み，指導上

のトラブルが生じることもある。

（2）学校行事の準備段階での情報のやりとりの問題

「行事の運営において問題と感じること」の選択肢において，「特定の教師に負担がかかること」を挙げた教師は最も多かった。この結果は，仕事を積極的にこなす教員のもとに情報が集中することにより，その教員にしかできない仕事が増え，ますます仕事が集中することを示している。その場合，仕事が集中する教員に疲労と不満とが蓄積されることがある。

また，1人の教員が複数の子どもに対応する学習指導場面とは異なり，学校行事では複数の教員が複数の子どもに対応することとなる。その際，教員によっていうことが異なり，子どもたちが混乱するばかりか教員間で不信感が生まれることがある。

以上のことから，教員間連携は口でいうほどたやすいものではないことがわかるであろう。しかし一方で，山田の研究は非常に興味深いことを明らかにしている。それは，学校行事等の準備を通じて「職場の人間関係が良くなった」と回答した者が半数近くいることである。子どもたちにとって学校行事が子ども間の交流を深める機会となり得ることはもちろんのこと，それと同じことが教員にもあてはまるのである。

ただし，単に学校行事を実施すれば教員間連携がはかれる，ということでは決してない。山田が指摘しているように，各々の教員が教員間の亀裂軋轢を生じさせやすい事柄に留意した上で，教職員で議論を尽くし，合意が得られない問題については学校のリーダーが方向性を示すなどの配慮が求められよう。

|学習課題|

（1） 数人のグループをつくり，思い出に残っている学校行事について話し合ってみよう。
（2） 学校行事の計画をつくってみよう。その際，対象学年を決めて，どういった点に配慮する必要があるのか，ということも考えてみよう。

参考文献

久冨善之編『教員文化の日本的特性――歴史,実践,実態の探究を通じてその変化と今日的課題をさぐる』多賀出版,2003年。

久保田真功「学級におけるいじめ生起の影響要因の検討――学級集団特性と教師によるいじめ予防策に着目して」『日本特別活動学会紀要』第11号,95-104頁,2003年。

佐伯英人ほか「集団宿泊的行事の教育効果に関する研究（Ⅰ）」『山口大学教育学部研究論叢』第57巻第3部,75-83頁,2007年。

佐伯英人ほか「集団宿泊的行事の教育効果に関する研究（Ⅱ）」『国立青少年教育振興機構研究紀要』第8号,25-35頁,2008年。

瀬戸健一「特別活動における実証的研究の課題と展望」『日本特別活動学会紀要』第12号,17-22頁,2004年。

高木修「いじめを規定する学級集団の特徴」『関西大学社会学部紀要』第18巻第1号,1-29頁,1986年。

長沼豊ほか編『特別活動概論』久美出版,2005年。

山田真紀「学校行事の役割拡大のメカニズムに関する一考察」『日本特別活動学会紀要』第10号,57-66頁,2002年。

山田真紀「学校行事の実施と教師の同僚性――東京都の公立小中学校を対象とした体育的行事に関する質問紙調査から」『日本特別活動学会紀要』第11号,47-63頁,2003年。

（久保田真功）

第 3 部

特別活動と他の教育活動との関係

第7章 特別活動と総合的な学習の時間

　特別活動と総合的な学習の時間は，ともに「自立への基礎を養う」ことを設置理念としている。学習指導要領における今回の特別活動改訂（2008年）の特質の一つは，それぞれ同様の成果が期待できると考えられる場合，総合的な学習の時間の実施によって，特別活動とりわけ学校行事の実施に替えることができる，とされたことである。

　しかし，両者の関係づけは，それぞれのねらい・特質を正しく踏まえた上で，慎重に実施されるべきである。両者の「安易な」関係づけは，避けなければならない。そこで，本章では，関係づけの基本となる両者の共通性・類似性を，それぞれに共通する4つの基本原理として明示する。言い換えれば，本章は，総合的な学習の時間との共通性という観点から，特別活動自体の特質や教育課程上の役割の違いや独自性などを明らかにすることをねらいとする。

1　特別活動，総合的な学習の教育課程上の特質

　総合的な学習の時間は，その創設時（1998年学習指導要領改訂）から，特別活動の教育課程上の共通性とともに，曖昧性が指摘されていた。共通性とは，両者とも，「自立への基礎を養う」ことを目的としているということである。すなわち，両者とも，子どもたちが自主的かつ主体的に物事に取り組む態度を養うことを目標にして，設置されているのである。

　しかし，それはまた，特別活動と総合的な学習の時間は，独自性が薄く，子どもたちの指導上のねらい・目標という点では，曖昧であることを示唆している（新富，2005）。

　実際，その曖昧性は，「特別活動の総合学習化」という表現で，しばしば論じられた。特別活動に振り向けられるべき時間が，総合的な学習の時間に置き換えられ，そちらに回されるという危機感が，その背景にあった。

他方，その逆に，総合的な学習の時間の側面からいえば，「総合的な学習の特別活動化」という表現で取りざたされた。総合的な学習の時間の「モデル無き授業の創造」という趣旨が生かされず，「特別活動化」によって，総合的な学習における授業のパターン化が起きるという危惧が，その背景にあった。

今回の学習指導要領の改訂では，両者の扱い方が，やはり主要な論議の一つとなった。この両者の「関係づけ」は，新学習指導要領解説では以下のように表現された（『小学校学習指導要領解説　特別活動編』，28頁）。

まず，両者の基本的な違いについては，「特別活動の特質は『望ましい集団活動を通して』に，総合的な学習の時間の特質は『横断的，総合的な学習や探究的な学習を通して』にあるととらえることができ，これが両者の大きな違いであるといえる」とされた。

次に，両者をつなげる関係性については，以下のように述べられている。

「以下のような点を踏まえ，両者の関係を図った指導を行うことが重要である。具体的には，特別活動として実施する集団宿泊活動において，例えば，数日間実施するうち，探究的な学習として実施したり，このことに関連して事前や事後に指導したりする部分について，総合的な学習の時間として行うなどが考えられる」。また，「総合的な学習の時間において計画した学習活動が，学習指導要領に示した特別活動の目標や内容と同時の効果が得られる場合も考えられる。このため，学習指導要領の実施によって，特別活動の学校行事の実施に替えることができるという規定を設けた」（同上『解説』，28頁）。

ここで「代替できる」とは，それぞれ同様の成果が期待されると想定される場合，「総合的な学習の時間とは別に，特別活動として改めてこれらの活動を行わないことも考えられる」（同上『解説』，29頁）という意味である。

こうした特別活動と総合的な学習の時間との「関係づけ」を進める上で，第一に必要なことは，両者の特質と共通性の把握である。

「望ましい集団活動」を目標に掲げる特別活動と，「横断的，総合的な学習や探究的な学習」を指導理念とする総合的な学習の時間に共通する，基本となる授業の構成論理を整理しておく必要がある。ここでは，総合的な学習の時間との対比から，特別活動の基本原理を導き出すという方向で記述したい。

2　4つの共通性と基本原理

（1）ツーリストづくりから，トラベラーづくりへ：自立性の原理

　特別活動と総合的な学習の時間は，両者とも主に体験活動で構成される。だが，それも単に体験活動をすればよいというものではない。たしかに，特別活動のキーワードの一つは「体験活動」である。まさに「なすことによって学ぶ」が基本原理である。一方の総合的な学習の時間も，体験学習が授業の基盤を成している。体験活動のタイプとして，両者は指導上，同じ基本原理に立っているのである。すなわち，誰かに付き従うだけの「ツーリスト（団体旅行客）」型ではなく，自主的・主体的な「トラベラー（旅人）」型体験活動であるということである。

　トラベラー（旅人）という言葉は，ここではツーリスト（団体旅行客）に対比して使っている。ツーリストは主体性をもたず，リーダー・指導者の指示に付き従うだけの存在である。それに対してトラベラー（旅人）は，各人がそれぞれの思いや願い，またはこだわりをもって，自主的，主体的に行動し，それらを実現するために自らの力で諸問題を解決していく。

　子どもたちは今日，自分の思いや願いをどのような手続きによって具体化すればよいかという処方箋を持たないでいる。そこで，子どもたちには，各種の体験活動を経験する過程において，各生活場面における「よりよく生きる」ための実践的技能（スキル）の育成を図ることが求められている。

　また，今日，子どもたちの「学ぶ力」が問われている。それは，子どもたちが「学ぼうとする力」を喪失しているからに他ならない。今日では「学ぼうとする力」も，学力の一環といわざるを得ない危機的な状況が生まれている。子どもたちに学ぶことへの意欲をもたせることが，学力の基礎・基本の定着には欠かせない。自立して学ぶことのできる力，すなわち「学ぶ力」を持たないところに，「学ぼうとする力」は生まれ難いのである。

　したがって，「学ぶ力」が求めるものは，単に団体旅行客である「ツーリスト型」の学習力や学習習慣ではない。それは，学ぼうとする思いや願いをもっ

た自立した人間，より具体的にいえば，自らの課題に対して探究的な学習や活動を行い，自己学習力を身に付けた「学びのトラベラー」である。

人の話を聞くことができる，メモがきちんと取れる，相手と交渉できる，挨拶ができる，学習計画が立てられるなどの，学びの技能（スキル）も必要である。ツーリスト型体験活動とは異なる，こうしたトラベラー型の学習技能（スキル）の修得を，学校・教師サイドはめざさなければならない。

特別活動において，自立した個人を志向する自尊感情をもったトラベラーづくりのためには，学習訓練・規範（きまりやルール）意識の育成も忘れられない。特別活動による，学級集団の準拠集団化（よりどころづくり）である。

だが，総合的な学習においては，どちらかといえばその点が疎かにされる傾向にあった。たとえば，「町探検」の単元で，人々の通行の邪魔をし，約束も取らずに勝手に病院に押しかけるなど，常識をわきまえない行動で周囲を困らせたりもする。そこで，トラベラーづくりのための「望ましい集団活動」指導が，総合的な学習にとっても探究的学習の基盤となるであろうし，相互の「関連的指導」が求められる。そこで，今回の学習指導要領改訂において，特別活動と総合的な学習の時間における，より密接な関係づけが明示されたのである。

（2）「知るではなく，識（し）る」体験学習を：共感性の原理

探究的な活動は，教科学習による「知る」ではなく，特別活動における「識（し）る」活動でなくてはならないであろう。体験活動を通しての「識る」には，知識理解という「知る」にはない，共感的理解という「やさしさ」が介在していることに留意しなければならない。その「やさしさ」は，教科学習では習得し難く，それが特別活動の存立根拠の一つになっている。では，「知る」と「識る」の相違とは何であろうか（相原・高旗編，2002，第6章，126-129頁）。

特別活動は従来から，「望ましい集団活動」の一環として体験活動を重視してきた。集団活動の内容には，集団生活への適応，自然との触れ合い，勤労やボランティア活動など社会奉仕の精神の涵養などに関わる体験的な活動が含まれる。勤労の尊さや生産の喜びを体得するとともに，ボランティア活動など社会奉仕の精神を涵養する体験が得られるような活動が望まれている。

では，特別活動と総合的な学習の時間の指導理念における共通性はどこにあるだろうか。たとえば，「ボランティア活動」を例にしてみよう。

　ボランティア活動とは，子どもたち自身の手で，ボランティアが自発的にできるように，その意義や自己効力感，自己達成感や留意点などを知ってもらうために組み込まれた教育活動の一環である。実は，このねらい・目標において，特別活動と総合的な学習の時間はともに，これと類似の指向性をもっている。

　学力向上が合い言葉になっている昨今，いわば頭で知る抽象的・観念的，分析的な「知識理解」については関心を集めている。しかし，知識には，ハート（心）で知るもう一つの知識がある。それらは英語では峻別されている。

　前者のcognitionに対して，後者の場合，recognitionと呼ばれる。後者の「知識」は，自己との関わりの中で，自らの生活体験を通して，認識的，直観的，総合的に受容される知識（recognition）である。

　今日，「生命尊重」や「共感する心」の醸成が教育界における喫緊の課題とされている。これらは，どのようにして育てればよいだろうか。その方法の一つが，教育課程の中に体験活動を仕組むことによって，recognitionとしての知識の獲得を仕組むことである。実践例を挙げてみよう。

①「僕たちと同じだよ」

　大きな水槽でザリガニを飼っていた時のこと。目を輝かせて子どもたちがその水槽まで，担任教師の手を引っ張って連れていった。子どもたちが，水槽の端をポンと指ではじくと，母ザリガニの腹から無数の子ザリガニがはじけ飛ぶように出てきた。そしてすぐにまた，子ザリガニは吸い込まれていくように，母ザリガニの腹に戻っていった。

　子どもたちはうれしそうに言った。「これは，僕たちとお母さんの関係と一緒なんだ。どんなに離れていても，僕たちもやっぱり，いつもお母さんのところに戻ってくるんだ」。子どもたちは親子関係について頭（知識理解）ではなく，ハート（共感的理解＝出会いの心）で知ったのである。

②「手を触らせて」

　勤労生産・奉仕的行事の一環として，米づくりを体験させた時のことである。稲刈りを終えた子どもたちが，口々に言い始めた。「吉田のおじちゃんは，す

ごいな。しかも，こんなすごいことを，30年以上もやっている。おじちゃんの手，触っていいかな」。子どもたちは，半年間指導してくれたJA（農協）の指導員に群がり，手を離そうとしなかった。

子どもたちは，知識として稲を育てることの大切さと大変さを知ったのではない。稲作づくりを体験する中で，その偉大さを学んだのである。

これらの教育実践は，私たちに先述の2つの「知識」について教えてくれる。体験を通して，自然や友達と触れ合う中で，「他者」を理解するためには，何が必要であろうか。それは，「どうすれば，あなた（対象）のことを理解することができるだろうか」「あなた（対象）の心に出会うことができるだろうか」という他者（対象）への思いやり・やさしさである。つまり，「共感的理解」とは，相手の立場になって，相手の心に寄り添って理解しようとする心である。

体験活動には，「知る」から「識る」に向かおうとする知的エネルギーとして，「共感的理解」という思いやり・やさしさが介在するのである。子どもたちは自然の中に入っていくと何故，やさしくなるのかということも理解できる。

子どもたちは自然を知ろうとして，木を揺さぶって感触を確かめ，聞き耳を立てて，梢のささやきや小川のせせらぎを楽しむ。川に入り，ひんやりした水の感触を確かめる。自然との出会いを求めて，自らの五感を使って，自然との対話やふれあい（共感的理解）を求めている。

(3)「子どもから出発する」：主体性・自発性の原理

「子どもから出発する」という言葉が，総合的な学習の時間の取り組みに際して，しばしば使われる。この教育理念は，特別活動でも同じく，活動の基本とされている。

ただし，特別活動の視点から見て，誤解して使われているとしか思えない場合がある。それは，明らかに短絡的ではあるが，この言葉を子どもの興味・関心に任せ，委ねることと解釈している場合である。

「子どもから出発する」の根本理念は，いかにして子どもを活かしてやるかということなのである。それは，自校の子どもたちにとっては，どんな力をつけてやる必要があるのか，特に「生きる力」の視点から見て何が欠けているか

などを検討し，実践を組み立てることである。

　その授業にかける教師の思いや願いに，子どもたちのもつ思いや願いにどのように絡めるか。これが，総合的な学習の時間における単元（テーマ）づくりのポイントの一つである。

　長崎市立佐古小学校では単元開発のために，保護者，子ども，教師へのアンケートを実施した。子どもたちの「やってみたいなあと思うこと」は順に，パソコン遊び，川遊び，料理づくり，山探検であった。教師の願いと子どもの願いとの間には大きなズレが生まれた。そこで佐古小では，「子どもの興味・関心を最大限尊重しながら，それが大人（教職員・保護者）の期待や願いをかなえることができるもの，すなわち，その活動の結果，教育的価値を見出すことができるものを，学習の対象としていくこととした」（長崎県総合的学習研究会実践セミナー報告誌『総合的学習へのホップ・ステップ・ジャンプ』2000年，17頁）。

　その単元例が，6年生の「新地再発見」である。子どもの料理づくりの興味・関心を出発点として，中国の料理調べ，そして，新中華街での料理店の裏通りから見た長崎探検・史跡調べ，長崎再発見へと子供たちの活動をダイナミックに発展させた。これによって，教師の願いである，見慣れたところの「よさ」を改めて知る（厳密には「識る」）こと，すなわち学校の特色を生かした地域再発見へとつながったのである。

　ここで，特別活動と総合的な学習の時間にそれぞれあてはめて，学習の指導理念で総括すれば，これは「教材の主体化」である。教材の主体化について，特別活動と総合的な学習の時間の各視点から，その共通性を述べてみたい。

①「ハンドルは持たないが，アクセルとブレーキを」（特別活動の視点）

　特別活動は，子どもたちの自主的な活動を促すことを旨とする。先に述べたように基本的には，「ツーリストからトラベラーへ」でなければならない。特別活動の「学級活動」などにおいて，子どもたちは学級づくりに向けて，互いに共通したイメージを探り合っていく。その場合，教師は直接，子どもを誘導するハンドルを持たなくてよい。教師はみんなの活動ぶりを眺めながら，褒めて勇気づけ，アクセルを踏むか，ときたまその結果について「それは困る」とか「それは違う」とかいって，ブレーキをかけてやるかぐらいである。

山田洋次監督は『寅さんの教育論』（岩波ブックレット，No.12，1982年）の中で語っている。「しかし，『それは違う』といえることはなかなかの才能ではあるのです」，と。総合的な学習の時間においても，教師はハンドルから手を離すだけに，特別活動と同じく，単元の導入部における「オリエンテーション」が実践上の鍵を握ることになる。ここでオリエンテーションとは，活動への意欲づけである。細かく指示をする説明会の類ではない。より具体的には，子どもたちへの「第一声を何にするか」の検討である。そこでは，教師のねらう活動の質が問われる。たとえば，「探検する」とは，「育てる」とは，「ふれ合う」とは，それぞれどういうことなのか，と追究しなければならない。

　鹿児島市立山下小学校では，小学6年生に「お役に立ちます」という単元を仕組んだ。「人や地域のために自分にできること」という視点で，子どもたちにとって日常的である校区内を改めて見つめさせようというテーマ設定である。子どもたちは，町に出かけて，人のためにしたいことを見つける課題探しをする。町の清掃・美化，保育園や老人ホームでの幼児・お年寄りとの交流，観光案内など，自分のやってみたいことへのチャレンジを始める。

　「人と関わる」とは，互いのよさを認め，他と共によりよく生きようとすることである。これが，山下小学校の教師が，子どもたちに知ってもらおうとした「価値ある体験」であった。子どもたちは卒業に際し，思い出残しとして，地域住民に『ボランティアとは』という冊子を作成し，配布した。

②「ハッとして，パッとして，グッとくる」（総合的な学習の視点）

　総合的な学習の授業のプロセスは「ハッとして，パッとして，グッとくる」の言葉に集約できる。実は，これが，総合的な学習の時間のあり方を提示してくれている。とりわけ「ハッとして」が肝要である。総合的な学習の授業の成立の成否は，いかに子どもたちを「ハッと」させるかにかかっている。こうして，子どもたちの「教材の主体化」が図られたとき，総合的な学習は「這い回る」体験学習とはなり得ないのである。

　「ハッとして」とは，子どもたちに「なるほど」「なぜだろう」「えっ，そうか」などの叫びや呟きを生むことである。これらの驚きの誘発こそが，子どもたちの教材への主体化の働きかけである。「はじめ子どもありき」の総合的な

学習の時間において，ここが指導上の最大のポイントである。

　次の段階は，「パッとして」である。子どもたちは「ハッと」したことから，何が問題なのかを主体的に判断し，見通しを立てて，問題解決に向かって創造的に探究的な学習を実施する。その過程はまさに，新たな発見や期待に胸をときめかし，心が「パッと」する学習過程でもある。

　最後の段階は，「グッとくる」である。総合的な学習の時間の目標は，「自己の生き方を考えることができるようにする」（2008年小・中学校及び2009年高等学校学習指導要領「総合的な学習の時間」）と記述されている。つまり，総合的な学習の時間は，言い換えれば「グッとくる」が最終目標なのである。

　総合的な学習の時間での子どもたちの活動を持続・発展させるためには，彼らの生活の「日常性」を打ち破り，いかに「ハッと」させるかである。

　佐賀県北明小学校（「有明海ってすばらしい」）では，ALTの先生と4年生全員で，「みんなでチャレンジ！干潟体験」を楽しんだ。「どうしてこんな汚い干潟に親しんでいるのかな？」。彼らの学習活動は，ALTのマッツ先生のこの一言から始まった。子どもたちにとって有明海の潟は，見慣れたものである。だが，その「日常性」がマッツ先生によって打ち破られたのである。

　「有明海の素晴らしさをマッツ先生ら外国の人に教えてあげよう」。これが教師から子どもたちへの「第一声」であった。「どうして」「不思議だな」「えっ」「やってみたい」などの声を期待した活動を仕組めば，子どもたちは自らの課題としてとらえるようになり，活動は発展的に持続する（『教職研修』教育開発研究所，1999年7月号，127-128頁）。

　このように，特別活動と総合的な学習の時間はともに，子どもたちによる「教材の主体化」をいかに図るかが肝要なのである。

（4）「まとめる」から「ひらく・ひろげる」へ：開放性の原理

　特別活動も，総合的な学習の時間も，各教科のような「まとめる」という授業の構成論理を志向しない。それらはともに，学級・学校の内外に，家庭や地域に，そしてさらには国際理解，情報，環境，福祉・健康など，より外の社会へ向けて働きかけようとする「ひらく・ひろげる」志向でなければならない。

「伝える力」といっても，各教科の授業と両者のような体験学習とでは，その意味内容は異なる。知識理解を求める各教科の授業は基本的に，「まとめる」タイプのコミュニケーションで成立する授業形態となる。「今の授業で習ったことは，こういうことだったね」（教師），「分かりました」（児童・生徒）という応答，すなわち「いかに特定の結論へと子どもたちを導くか」という論理で授業は成立する。それに対して，特別活動や総合的な学習の時間は，子どもたちが，他に対して常に新たな課題をもち，働きかけ続ける「ひらく・ひろげる」タイプのコミュニケーション力の育成を図る。授業形態でいえば，オープンエンド型授業という言葉のイメージが一番，適合するであろう。

特別活動の場合でいえば，「望ましい集団活動」を通して，低学年から中・高学年へ，また，学級活動から児童会活動へと，その活動は「ひらく・ひろげる」展開をする。上学年の子どもたちが自分の今までの経験を生かしてリーダーシップを発揮しながら，下学年の子どもたちに支援やアドバイス，時には直接指導もする。たとえば，今回の小学校学習指導要領・特別活動では，学級活動における活動内容も，低学年（仲良く助け合い），中学年（協力し合って），高学年（信頼し支えあって）へと，発展的かつ年齢段階的に外に向かって，「ひらく・ひろげる」ように仕組むことが肝要とされた（小学校学習指導要領「特別活動」第2-2）。

総合的な学習の時間の場合も，体験学習をとおして，他の教科に「ひろげ」，他の対象に「ひらく」活動を展開する。つまり，特別活動や総合的な学習の時間における自己表現とは，他の対象に対してアピールやプレゼンテーションをする「ひらき・ひろげる」能力を求めるコミュニケーションなのである。

たとえば，生活習慣病の発症率の高い地域の中学校で，生徒たちは学級指導や保健体育などで得た知識をもとに，健康新聞の作成とその配布や町内文化祭での公開発表などで，その怖さと予防方法を地域住民に発信した。他にも，「今消えようとしている〇〇太鼓を町の人々に伝えよう」「〇〇町のよさを知ってもらおう」「市議会に7つの提案をしよう」などの実践例がある。

したがって，特別活動と総合的な学習の時間の両者においては，コミュニケーション能力の評価は，いかに正しく，要領よく「まとめ」ているかではな

い。同じコミュニケーション能力といっても，特別活動と総合的な学習は，同級生に，下級生に，学校に，親に，地域住民に，いかにうまく，自分たちの思いや願い，提言等を伝えることができたかが，評価されなければならない。

3　学校行事と総合的な学習との関連性

（1）新学習指導要領との関連

　特別活動と総合的な学習の関連性を，それぞれを構成する4つの基本原理という視点で，総括してみた。たしかに，特別活動と総合的な学習の時間とは，強い関連性がある。そこで，特別活動と総合的な学習の時間の効果をさらに高め，しかも，総合的な学習の時間の探究的な学習の特質が生かせる場合において，総合的な学習の時間で特別活動（とりわけ学校行事）の一部を「代替」できることになったのである。

　留意すべきは，この場合，特別活動の年間指導計画がきちんと練られていなければならないということである（小学校及び中学校学習指導要領「特別活動」，第3-1-（1））。

　また，両者を対比的に述べるならば，①「個に始まって，個に終わる」総合的学習に対して，「集団に始まって，集団に終わる」特別活動，②探究的な学習を追究する総合的学習に対して，より豊かで充実した学級や学校の生活の創造を目指す特別活動という図式になる。

　学校行事は，集団活動を前提とする体験活動であり，総合的な学習は，基本的には個々人が自らの課題を追究し，解決を図る体験学習なのである。特別活動と総合的な学習の時間のそれぞれの特質を失うことなく，総合的な学習が特別活動に「代替」できる根拠を明確にしておかなければならない。

　特別活動の中でも，とりわけ，総合的な学習の時間と関わり深い学校行事について，その関連性を概括しておきたい。

　「生きる力の理念は変わりません。学習指導要領は変わります」。この言葉は，今回の学習指導要領の趣旨を総括した言葉である（文部科学省編『初等教育資料（No.833）』2008年4月号，東洋館出版）。「生きる力」の理念が変わらないのは，特

別活動においても，同様である。

　小学校の特別活動は特に，原則的には変更されることのない目標さえも改訂された。したがって，これまでにない大胆な改革があったように思われがちである。しかし，特別活動の特質・本質が変わったわけではない。教育現場で，特別活動がより定着しやすいようにという配慮がなされた学習指導要領になったということである（新富編著，2008年）。

　「望ましい集団活動」「豊かな人間性や社会性」「人間関係を築く力」「社会参画」「自治的能力」など，特別活動の論理を支えるキーワードは，普遍であり，変質していない。

　それは，「学校行事」についても同様である。学校行事で育てたい力は，従来どおり明確に示されている。学校行事は，「望ましい人間関係」「集団への帰属意識」「公共の精神」や「協力してよりよい生活を築こうとする自主的，実践的な態度」を育てようとする。学校行事の充実をさらに明確化するために，大別して，以下の2つの点で改定されている。実は，これは総合的な学習との関係を考える上で，重要な観点でもある。学校行事と総合的な学習の関係づけの可能性を考察する基盤となる。

（2）学校行事の改訂と総合的な学習
① 文化的行事と「本物」体験
　一つは，改正教育基本法により「伝統や文化」の意義が強調されたことによる改訂である。すなわち，「学芸的行事」の範疇がさらに拡大されて，「文化的行事」とされた。それは，(1) 平素の学習内容の発表と，(2) 文化や芸術に親しむ活動である。

　しかし，これらも，従来の「学芸的行事」とは本質が変わったと解釈してはならない。芸術や文化などの「本物」に触れる体験活動を通して，情操豊かな人間を創るということである。

　注意すべきは，美術の時間における個人的な美術鑑賞や音楽の時間における個人的な音楽鑑賞とは，学校行事のそれは，質を異にするということである。体験を伴う，望ましい集団活動としての取り組みであることを忘れてはならな

いのである。したがって，文化的行事においては，仲間と互いに発表し合うという相互性や協同性，また，集団（他者）及び生活と自己とのつき合わせによる振り返り活動などが保障されていなければならないのである。

　学校行事における鑑賞は，その背景に，もっと互いに「本物」に触れたい，もっと互いに「本物」に寄り添い，互いに極めたいという，集団活動へと駆り立てる，突き進む心を動かす体験活動から発しているのである。それは，どうすればもっとあなた（対象）に出会えるかという，「本物」指向であり，言い換えれば，他と共有する心を求める共感的理解，すなわち「思いやり・やさしさ」である。地域の伝統文化等への鑑賞会も，単なるノスタルジア（郷愁）の自己満足で終わるものであってはならない。地域の一員としての誇りをもって，いかに地域に関わるかという意識を育てなければならない。

　ある地域では，地域を育て，慈しんだ祖先への感謝をお年寄りに学びながら，地域の祭り行事に参加した。子どもたちは，紙で作った法被の背中に「ふるさと」と書き込んだ。みこしを担ぐということは，すなわち「ふるさと」を背負うことと，彼らは話し合いの結果，結論付けたのである。

② 遠足（旅行）・集団宿泊的行事と「共感的」感動体験

　もう一つの大きな改訂が，「自然の中での集団宿泊活動」という文言が，学校行事に盛り込まれたことである。自然の中に入ると，どうして子どもは優しい顔になるのか。この経験をもつ教師は，多い。「五感を使って探究活動」などと，教師が指導しなくてもよい。前述（第２節(２)）の如く，子どもたちは，自然に入ると，仲間と共に川に入り，水の感触を確かめ，枝をゆすって聞き耳を立て，自然の変化に見入り，花弁に触り，舐めてみたりもする。

　実は，こうした行動は，他（者）をより理解しようとする心が生み出している。相手の立場に立って，理解しようとする心，すなわち，互いに「共感的理解」を求めようとする集団行動である。したがって，子どもたちは優しい顔になるのである。

　また，それが，一定期間（たとえば５日間程度）の長期集団宿泊体験が望まれる理由でもある。「共感的」感動体験であるためには，繰り返し活動と長期の期間を必要とするからである。

長期集団宿泊体験によって，児童相互の関わりを深め，互いのことをよく理解し，折り合いをつけるなど，問題解決しながら協調して生活することの大切さを実感するようになる。仲間との共感的理解だけでなく，対象との体験を通して真の共感的感動を探究する上でも，一定期間の集団活動が望ましい。

(3) 学校行事と総合的な学習の関係づけ

このように，学校行事の趣旨は，総合的な学習の時間における問題解決学習や探究的な学習の趣旨を踏まえた活動と重なる部分がある。

たとえば，自然体験やボランティア活動は，「『知る』から『識る』へ」の共感性の原理で述べたように，特別活動の趣旨を踏まえた活動とすることが考えられる。総合的な学習の時間に行われる自然体験活動は，環境や自然を課題とした問題の解決や探究活動として行われると同時に，特別活動・遠足集団宿泊的行事「自然の中での集団宿泊活動など平素の異なる生活環境にあって，見聞を広め，自然や文化などに親しむとともに，人間関係などの集団生活の在り方や公衆道徳などについての望ましい体験を積むことができるような活動を行うこと」(小学校学習指導要領「特別活動」，第2-2-(4))と，同様の成果も期待できよう。

また，総合的な学習の時間におけるボランティア活動は，「勤労の尊さや生産の喜びを体得するとともに，ボランティア活動などの社会奉仕の精神を養う体験が得られるような活動を行うこと」とした特別活動における勤労生産・奉仕活動的行事と，共感性の原理や「『まとめる』から『ひらく・ひろげる』」の開放性の原理などで，関係性がある。たとえば，長期宿泊体験自然教室は「遠足・集団宿泊体験として実施されるが，総合的な学習の時間として，環境と自然保全に関する探究的な学習をしておき，環境と自然保全をテーマにして，現地での調査・体験的な探究活動を自然教室あるいは修学旅行の中で行うことも考えられる（次ページ「学習課題」参照のこと）。

ただし，学校行事は，①全校や学年を単位とする，②学校生活に秩序と変化を与え，③学校生活の充実と発展に資することを目標とする活動であることを正しく理解しておく必要がある。

特別活動と総合的な学習の時間との「出会い」による，特別活動の新たな展開に向けた，より豊かな実りが期待されよう。

学習課題

（1） 特別活動において「自然体験教室」を実施して，そこから環境問題につながる体験的な学習へと発展するなど，「特別活動発展型」の総合的な学習の時間の実践例を調べてみよう。

（2） 総合的な学習の時間において環境問題の課題探究的な学習を行い，そこからボランティア活動（特別活動）の取り組みへと関係づけるなど，「総合的学習発展型」の特別活動の実践例を調べてみよう。

（3） 「健康・体力づくり」を学校目標に掲げ，総合的な学習の時間と特別活動（記録会や給食展など）とを相互に関連づけて行う，「特別活動・総合的な学習融合型」の実践例を調べてみよう。

参考文献

相原次男・新富康央編著『個性をひらく特別活動』ミネルヴァ書房，2001年。

相原次男・高旗正人編著『「生きる力」を育てる教育へのアプローチ』黎明書房，2002年。

新富康央監修・福岡県教育研究所編『学校が変わる，評価が変わる，授業が変わる――総合的な学習の展開』ぎょうせい出版，2003年。

新富康央「『総合的な学習の時間』を創造的に展開する学校の方針」文部科学省編『初等教育資料（No.799）』東洋館出版社，2005年，9月号。

新富康央編著『小学校・新学習指導要領の展開・特別活動編』明治図書，2008年。

杉田洋『よりよい人間関係を築く特別活動』図書文化社，2009年

文部科学省『小学校学習指導要領解説　特別活動編（平成20年8月）』東洋館出版，2008年。

文部科学省『中学校学習指導要領解説　特別活動編（平成20年9月）』ぎょうせい，2008年。

文部科学省『小学校学習指導要領解説　総合的な学習の時間編（平成20年8月）』東洋館出版，2008年。

文部科学省『中学校学習指導要領解説　総合的な学習の時間編（平成20年9月）』教育出版，2008年。

（新富康央）

第8章 特別活動と道徳教育

　特別活動は，望ましい集団活動を通して，子どもたち一人一人の豊かな人間形成を図ることを目的としている。道徳教育は，それらを含めて，人間の根幹を支える道徳性の育成を図ることを目的としている。したがって，学校における特別活動は，道徳教育という大きな視点から，その特徴と役割を押さえておく必要がある。

　本章では，まず，以上のような特別活動と道徳教育との関係について明確にする。次に，特別活動と道徳教育の要である道徳の時間との関連についてそれぞれの特質を明確にするとともに，相互の特質を生かした効果的な連携のあり方について追究する。

　そして，それらを踏まえた上で，これからの特別活動と大きなかかわりをもつ道徳教育のあり方として，総合単元的道徳学習について述べてみたい。

1　特別活動における道徳教育

　道徳教育は，子どもの日常生活から離れて存在するのではない。日常の生活習慣を自ら確立し，日常生活がより楽しく充実したものになることに直接関係する。日常生活におけるさまざまな問題や課題に正対することを通して，さまざまな道徳的価値についての学習を行い，日常生活において豊かに道徳的実践ができるようにしていくことが求められる。学校では，その実現のために子どもたちと教師が一体となってさまざまな集団活動が展開される。

　特別活動は，そのための重要な役割を担っている。特別活動の目標は「望ましい集団活動を通して，心身の調和のとれた発達と個性の伸張を図り，集団の一員としてよりよい生活や人間関係を築こうとする自主的，実践的な態度を育てるとともに，自己の生き方についての考えを深め（人間としての生き方についての自覚を深め），自己を生かす能力を養う。」（かっこ内は中学校）となっている。

もちろん各教科や道徳の時間，総合的な学習の時間の学習も，子どもの日常生活の中に位置づけられ，広い意味での子どもたちの日常生活のあり方の指導がなされる。特別活動はそれらをトータルに把握しながら，学校での集団生活をいかによりよいものにしていくかを考え，自ら実行できるように指導するのである。その基本的な原理が目標の中に示されている。

それらをもう少し詳しくみると，次のようにとらえられる。

（1）望ましい集団活動の展開

特別活動の第一の特徴として，なすことによって学ぶことが指摘される。この場合のなすこととは，望ましい集団活動を行うことである。学校において望ましい集団活動を展開するためには，まず一人ひとりが学級集団，学校集団の中に位置づけられていることが大切である。そして，それぞれが役割をもって共通の目標に向かって行動できるときに，望ましい集団活動が展開されることになる。

したがって，望ましい集団活動には，一人ひとりが大切にされていること，それぞれが役割や課題をもって集団にかかわっていること，さらに集団自体が望ましい集団になるための目標をもっていることなどが前提となる。そのような中で行われる集団活動においては，おのずと道徳性の育成が図られる。

（2）心身の調和のとれた発達と個性の伸張

人間は集団の中で鍛えられる。互いに切磋琢磨し，協力し合いながら集団活動を展開する中で，心身の発達や個性の伸張が図られる。特別活動においては望ましい集団活動として，知，徳，体の調和的な発達が図れるものや，相手への思いやりや自己の向上心等を育むものが取り上げられる。

そのような活動は，望ましい集団生活を行う上で大切な資質や能力をはぐくみ，実践を通して心身の調和のとれた発達と，内にもつ自らのよさや可能性を発揮し，伸ばしていけることになる。特別活動は，豊かな心の育成を望ましい集団活動を通して総合的に図っているととらえられる。

（3）社会性，人間関係の育成

　望ましい集団活動は，同時に望ましい集団生活のあり方をおのずと体得していくものでもある。社会性の発達は，さまざまな集団の役割の取得過程と符合するものであり，子どものパーソナリティ発達の基礎となるものである。望ましい集団活動を通して，みんなで目的をもって取り組むことの楽しさや素晴らしさを実感できる。そして，どのようにすればみんなと力を合わせてより充実した活動を行うことができるのかを学んでいく。

　そのことが同時に，集団の一員としての自覚を深めていくことになる。たとえば，協力することや助け合うこと，互いに信頼し合うこと，約束を守ること，公正，公平な態度をもつことなどが必要なことを自覚し，身につけていくのである。そのような人間関係の育成を求めている。

（4）自主的，実践的な態度の育成

　特別活動は，望ましい集団活動が，自主的，実践的に行われなければならない。そのことによって子どもたちの自主的，実践的な態度が養われる。すなわち，特別活動は，望ましいさまざまな集団活動において，活動そのものを自主的，実践的なものにし，豊かにしていく中で，内面的な自主的，実践的な態度をおのずと育成しようとするのである。

　望ましい集団活動における自主的，実践的な態度は，多く道徳的態度と重なる。道徳の時間は，道徳的実践の内なる力の育成を計画的・発展的に図りながら道徳的実践へと響き合わせる指導が行われる。一方，特別活動は，道徳教育の観点からみれば，道徳的実践を計画的・発展的に取り組むことを通して，実践を豊かにし，あわせて内面的な道徳的実践力の育成を図ろうとするものである。

　道徳の時間は，道徳的実践力についての指導が計画的・発展的に行われる。特別活動は，道徳的実践の指導が計画的・発展的に行われる。学校における道徳教育においては，この2つの側面がうまく絡み合うことによって機能していくのである。そのことを中心としながら，各教科やその他の教育活動との関連を有機的に図っていくことが求められる。

（5）人間としての生き方の自覚を深め，自己を生かす

　結局，特別活動は，望ましい集団活動を通して，実践的に，人間として生きる力を身に付けていくものである。そのような実践を繰り返していくことによって，人間として生きるとはどういうことかを実感しつつ自覚を深め，人間として自分自身がよりよく生きるために，自分のよさを把握してそれを生かす能力を養っていくことを求めるのである。そのことによって，特別活動が，体験を通しての道徳教育を大きな目標としていることがいっそう理解できる。

2　特別活動の内容と道徳教育

　特別活動の内容は，学級活動，児童会活動・生徒会活動，クラブ活動（小学校のみ）及び学校行事から構成されている。それぞれの活動が独自性をもちつつ，相互に関連を図りながら，さらに各教科や道徳の時間，外国語活動（小学校のみ）総合的な学習の時間などと連携して，特別活動の目標の実現を図るのである。そのことを押さえた上で，特別活動の各内容と道徳学習との関連について述べていくことにする。

（1）学級活動

　学級活動は，同年齢の子どもたちが生活し学習する学級を単位として行われる集団活動である。目標としては「望ましい人間関係を形成し，集団の一員として学級や学校におけるよりより生活づくりに参画し，諸問題を解決しようとする自主的，実践的な態度や健全な生活態度を育てる」となっている。内容は，小学校では各学年段階の共通事項として，「学級や学校の生活づくり」に関する活動と，「日常の生活や学習への適応及び健康安全」に関する活動が記されている。中学校は，「学級や学校の生活づくり」「適応と成長及び健康安全」とともに，「学業と進路」が加わる。より視野を広げた自律的な生き方を，具体的な学級生活を通して身につけられるような指導を求めている。

　これらのいずれもが，道徳学習と大きな関わりをもっている。年間指導計画や学習指導案には，それぞれの学級活動の中で，どのような道徳性の育成が図

られるのかを，内容項目との関連で示しておく必要がある。具体的な学級経営を，道徳教育の視点を中核にして，学級活動と道徳の時間がそれぞれの特質を生かして響きあわせる指導が求められるからである。

　文部科学省発行の『小学校特別活動指導資料　指導計画の作成と指導の工夫』の事例には，次のような第3学年の学級活動の例が示されている。

　「学級や学校の生活の充実と向上に関する」ことについては，一学期の例として，学級の歌を作ろう，学級の旗を作ろう，学級のマスコットを決めよう，学級の合い言葉を決めようなどが挙げられている。これらは，学級や学校を愛する心を育てる道徳学習とかかわりをもつ。また，歌詞や旗の中に一人ひとりの願いを含めたり，マスコットを道徳の資料に出てくる主人公にしたりすることを通して，道徳の時間との関連をいっそう図ることができる。

　「日常の生活や学習への適用および健康や安全に関する」ことについては，「こんな3年生になりたい」という題材の下に，当番活動の進め方，友達をつくる，学級のめあて，朝や帰りの会の進め方などの指導が計画されている。自らの役割を果たすことの大切さや，協力して学級を運営していくことの大切さ，また友達と仲よくしていくには何が大切かなどについての話し合い活動や，それを基にした実践活動が計画される。それらと道徳の時間の関連のある内容項目の学習とを結びつけていくこともできよう。

　小学校の学習指導要領では，「日常の生活や学習への適用及び健康安全」に関する指導内容として，「希望や目標をもって生きる態度の形成，基本的な生活習慣の形成，望ましい人間関係の形成，清掃などの当番活動等の役割と働くことの意義の理解，学校図書館の利用，心身ともに健康で安全な生活態度の形成，食育の観点を踏まえた学校給食と望ましい食習慣の形成」が挙げられている。

　これらの指導は，いずれも道徳の内容項目の学習と関連をもっている。たとえば基本的な生活習慣の形成は，道徳の内容項目の1の（1）や2の（1），4の（1）と強く結びついている。また，望ましい人間関係の育成は，2の視点全体がかかわりをもつ。学校図書館の利用や食習慣に関する指導も，多面的に道徳の時間の学習と関連をもたせて行うことができる。

また，中学校で加えられている「学業と進路」では，「思春期の不安や悩みとその解決」「社会の一員としての自覚と責任」や「学ぶことと働くことの意義の理解」「望ましい勤労観・職業観の形成」など，直接，道徳的価値の自覚と結びつく活動が挙げられている。

(2) 児童会活動・生徒会活動

児童会活動・生徒会活動は，学校の全児童・生徒をもって組織する児童会・生徒会における活動である。児童会活動・生徒会活動の目標は，「望ましい人間関係を形成し，集団の一員としてよりよい学校生活づくりに参画し，協力して諸問題を解決しようとする自主的・実践的な態度を育てる」とされている。

児童会活動・生徒会活動は，全校的な縦割り活動である。上級生や下級生が一緒になって豊かな活動が展開される。児童会・生徒会の運営は，多くが子どもたちに任せられる。自らの学校生活を充実，向上させていくにはどのような課題があるのか，それを解決するためにどのように活動を充実，創造していけばよいのか，などを教師を交えて協議し，自主的，自発的な活動が展開される。それらの活動の内容に応じて，さまざまな道徳学習と関連をもたせることができる。

とくに縦割り活動が重視されることから，上級生は，みんなと協力して活動を運営していくノウハウを身に付けなければならない。また，めざす目標は，学校を少しでもよくし，みんなが仲よく生き生きとした学校生活が送れるように，力をあわせて取り組むことである。そのような意識のもとに活動を行うこと自体が，道徳的価値の追求を行っていることになる。

(3) クラブ活動

クラブ活動は，小学校のみに明記されており，「学年や学級の所属を離れ，主として第4学年以上の同好の児童をもって組織するクラブにおいて，異年齢集団の交流を深め，共通の興味・関心を追求する活動を行うこと」とされている。クラブ活動も縦割り的活動であるが，4年生以上であることや，共通の興味や関心をもった子どもたちで運営していく活動であることにおいて，児童会

活動との違いがある。

　クラブ活動には，さまざまなものがあり，子どもの興味や関心は，いずれにも注がれると考えられる。その中から自らの所属するクラブを選び，活動を行うことによって，その子らしい個性が発揮されてくる。また，同じ興味や関心をもって追求していくことの楽しさも感得することができる。

　クラブ活動で追求したことをクラブ間で紹介しあったり，学級の中で紹介したりすることを通して，その子のよさが認められるとともに，子どもたちの興味を膨らませていくことができる。そういった体験は，道徳性の育成の根底となるものである。一人一人の道徳学習の発展のために，個々の体験をとらえて，適宜，道徳の時間の学習と関連を図れるようにしていくことが求められる。

（4）学校行事

　学校行事の目標は，「望ましい人間関係を形成し，集団への所属感や連帯感を深め，公共の精神を養い，協力してよりよい学校生活を築こうとする自主的，実践的な態度を育てる」となっている。内容としては，「全校又は学年を単位として，学校生活に秩序と変化を与え，学校生活の充実と発展に資する体験的な活動を行うこと」とされている。これも縦割り的な活動であり，とくに愛校心や道徳の内容の4の視点にかかわる道徳学習との関連が深い。

　具体的な行事としては，儀式的行事，文化的行事，健康安全・体育的行事，遠足・集団宿泊的行事（中学校では旅行・集団宿泊的行事），勤労生産・奉仕的行事が挙げられている。

　儀式的行事は，「学校生活に有意義な変化や折り目を付け，厳粛で清新な気分を味わい，新しい生活の展開への動機付けとなるような活動」である。生活の節々で，自らを見つめ直す機会でもある。それらは，道徳の内容の1の視点の各内容項目や4の視点の愛校心や集団の役割の自覚，公共心，公徳心などと大いにかかわりをもつ。

　文化的行事は，「平素の学習活動の成果を発表し，その向上の意欲をいっそう高めたり，文化や芸術に親しんだりするような活動」である。文化的行事への参加を通して上級生への憧れや，下級生への思いやり，さらに互いに学び合

うことの大切さなどを学んでいく。それらは，道徳の時間で行う道徳的実践力の指導と響き合わせることが求められる。

　健康安全・体育的行事は，「心身の健全な発達や健康の保持増進などについての関心（理解）を高め（深め），安全な行動や規律ある集団行動の体得，運動に親しむ態度の育成，責任感や連帯感の涵養，体力の向上などに資するような活動」（カッコ内は中学校）である。集団行動の体得や責任感や連帯感の涵養など，とくに道徳の内容の4の視点と1の視点の道徳学習と関わりをもつ。

　また，遠足・集団宿泊的行事（旅行・集団宿泊的行事）は，「平素と異なる生活環境にあって，見聞を広め，自然や文化などに親しむとともに，集団生活の在り方や公衆道徳などについての望ましい体験を積むことができるような活動」である。学校外での集団活動を通して，いままで気づかなかった友達のよさや自らの可能性などを実感する。またいろんなものを見聞したり，自然や文化などに親しみながら，あわせて道徳学習が行われる。集団生活のあり方や公衆道徳などについての望ましい体験を積むことができる。

　さらに，勤労生産・奉仕的行事は，「勤労の尊さや生産（創造すること）の喜びを体得するとともに（体得し，職場体験などの職業や進路にかかわる啓発的な体験が得られるとともに，共に助け合って生きることの喜びを体得し），ボランティア活動などの社会奉仕の精神を養う体験が得られるような活動」（カッコ内は中学校）である。それは，道徳的実践そのものでもある。学校行事を通して，勤労の尊さや生産・創造の喜びが体得でき，社会奉仕の精神が涵養されるようにしていく必要がある。そのためには，内面的な道徳的実践力の育成とうまく結びつけていくことが不可欠である。道徳の時間と響き合わせることがいっそう求められる。

　このような学校行事においては，とくに子どもたちの感動的な体験と道徳の時間の学習とを，子どもたちの心の動きの連続性を考慮しながら響き合わせていく指導を工夫していく必要がある。それぞれの特徴を押さえながら道徳性の育成にかかわって望ましい両者の連携が，今後いっそう追求されなくてはならない。

3 特別活動と道徳の時間との関連

　特別活動と道徳の時間との関連を図った指導を，道徳の時間と特別活動，とくに学級活動とを一緒にして指導することだと誤解する人たちがいる。教育課程においては，道徳の時間も学級活動も，それぞれに35時間確保され，独自の目標が設定されている。

　では，特別活動と道徳の時間の関連を図った指導とは何か。一言でいえば，それぞれの特質を生かしながら，子どもたちが，自らの道徳的価値に触れ，その大切さやすばらしさ，実現の難しさ，多様さなどを感じ，自分はどうすればよいのかを考えながら，状況に応じた適切な行動が取れるように指導することである。

　とくに道徳と特別活動は，子どもたち一人一人のよりよい人間形成を図る道徳教育の中核となるものである。道徳の時間は，道徳的実践の礎となる道徳的実践力を，特別活動は，道徳的体験や実践そのものを学習する。そして，それらが響きあって，自律的に道徳的実践のできる子どもを育てようとするのが道徳教育なのである。

　このような視点から，特別活動と道徳の時間との関連における課題を探ってみたい。

（1）特別活動と道徳の時間の関連重視の背景

　特別活動と道徳の時間の関連が，何のために必要かといえば，道徳教育を充実させるためである。では，学校における道徳教育をどのようにとらえればよいのだろうか。

　学校教育は，教育基本法の理念を具体化するものでなければならない。2006（平成18）年12月に59年ぶりに改正された教育基本法は，ことのほか，人格の完成を目指した教育を強調している。人格の基盤となるのは，道徳性である（教育基本法の第2条参照のこと）。その道徳性の育成を，計画的・発展的に行うのが，学校における道徳教育に他ならない。子どもたち一人一人の道徳性は，

道徳的諸価値が統合されて形成されるものであり，子どもたちの全生活圏におけるさまざまな体験や学習を通して培われる。

このことを踏まえて，学校における教育課程では，道徳教育は，全教育活動を通じて行うことを基本とし，道徳の時間では，基本的な道徳的価値の全般にわたって内面的自覚を図り，調和的な道徳性をはぐくんでいけるように，要としての役割が課されている。

（２）豊かな体験による内面に根ざした道徳性の育成

しかし，多くの調査では，このような道徳教育及び道徳の時間の指導が十分に機能していないという指摘がなされている。とくに今日の子どもたちに見られる，自分勝手な行動や問題行動の多発は，そのあらわれであると批判される

道徳教育は，子どもたち一人一人が，かけがえのない人間として自らを自覚し，人間としてよりよく生きていくようになることを目指している。それが道徳性の育成の基本である。このことは，これからの学校教育においても，最も重視されなければならないことである。

2008（平成20）年1月に出された中央教育審議会答申では，これからの教育課程が基本としなければならない指針の一つに「生きる力」を挙げている。「生きる力」の育成は，「豊かな心」を基盤として「確かな学力」や「健やかな体」をはぐくむことが大切だととらえている。学校は，人間教育の場であり，人間として生きるとはどういうことかをしっかり学び，身に付けられるようにすることを中心に，教育課程が組まれなければならないことを示している。このことは，道徳教育を基盤とした学校教育の確立を求めていることに他ならない。

そのために，いっそう必要とされるのが豊かな体験活動である。豊かな体験活動とは，心に響き心が動く体験活動である。

心が動くのは，そこに道徳的価値を感じているからである。日常生活や，さまざまな学習活動において，心が動く豊かな体験活動が行われれば，それは同時に，道徳的価値に触れ，感じ，何らかの行動をしていることになる。そういう心の動きが，しっかり体験できることによって，道徳の時間で道徳的価値の

第8章　特別活動と道徳教育

自覚を深める学習を効果的に行うことができる。

このような考え方から，とくに望ましい集団活動をねらいとする特別活動において，豊かな道徳的体験や実践が行われるように強調されている。

ここにおいて，特別活動と道徳の時間の関連の課題が明確になってくる。すなわち，道徳の時間における道徳的価値の自覚と，特別活動における道徳的体験や実践の充実とを響き合わせて，子どもの日常生活の中で統一されていくように指導するにはどうすればよいか，ということである。

4　これからの学校教育を支える道徳教育の確立
──総合単元的道徳学習を構想する視点

これからの学校教育は，人間としていかに生きるべきかの自覚を深めながら，社会の変化に主体的に対応し，心豊かにたくましく生きていける人間の育成をめざして展開されなければならない。そのことを具体化するためには，学校で行われるさまざまな学習活動において，道徳教育が明確に位置づけられている必要がある。そしてまた，道徳教育の計画を充実させることを通して，学校経営や学級経営の全体像が明確になるような指導計画を作成していくことが求められる。

それは，各教科や特別活動，総合的な学習の時間等の固有性を発揮しながら，道徳の時間を要として，一人一人の子どもたちがかけがえのない存在として自らを自覚し，よりよく生きることを主体的に考え実行していくための基礎的な道徳性の育成をめざすものが道徳教育であるからである。まさに，人間教育としての学校教育を支えるのが道徳教育である。そのことをより具体的に示していこうとする提案として，総合単元的道徳学習論がある。これからの道徳教育を展望していく上において，とくに特別活動と道徳教育の関連を，総合単元的道徳学習という視点から構想していくことが求められる。

総合単元的道徳学習は，子どもの実態や学習のねらい等に応じてさまざまに構想できるが，その際の基本的な押さえとして次のものが挙げられる。

（1）道徳の時間の学習を中心に位置づける

　道徳の時間は，各教科等における道徳教育を前提として，それらを補充，深化，統合するものとして位置づけられている。すなわち道徳の時間の指導は，元々が総合単元的な指導を前提としているといってよい。

　道徳の時間のねらいは，他の教科等の指導のねらいに比べてかなり一般的なものになっている。それは，道徳の時間だけではなく，ねらいに関係する各教科等の学習においても指導を心がけ，それらとの関連を図りながら道徳の時間でより内面的な自覚を図る指導を行うことを意図しているからである。そのためには，道徳の時間の指導においては，常に事前指導と事後指導を位置づけておくことが大切であるが，そのことは総合単元的な指導の簡単な一つの形だととらえられる。

　総合単元的道徳学習のねらいは，道徳的価値に関するものであり，かつ内面の力の育成を重視しながら，自律的に道徳的実践ができる子どもの育成を図ることを基本としている。このことからも，道徳の時間と特別活動が中心となるといえる。

　また，総合単元的道徳学習の中に道徳的実践の指導を位置づけた場合には，道徳の時間における内面的な力の育成を中心としながら，その関連で指導するように位置づける必要がある。さらに，たとえば総合単元的道徳学習を一ヵ月くらいで構成した場合，道徳の時間は4時間程度位置づけられるが，その部分を中心としながら全体的なねらいの達成をより効果的に行うための指導を構想していくのである。そのことを意識していないと，道徳的実践の事前指導，事後指導になってしまいがちである。

（2）学校目標，学級目標あるいは基本的な生活習慣の指導などに絞って，まずは取り組む

　総合単元的道徳学習は，さまざまなレベルで考えることができる。日常の道徳の時間の指導の中で，簡単に関連が図れそうな教育活動を取り上げ，道徳の時間と特別活動との関連を意図的に図ってみるという取り組みを基本としたい。その上で，さしあたっては，学期に一回か，年間に一，二回というかたちで重点的に取り組む必要があろう。

そのとき考慮すべきは，まず，学校目標，学級目標あるいは基本的な生活習慣にかかわる道徳学習などに絞って取り組むということである。各学校には，学校目標があり，各学級には，学級目標がある。それらは，いずれも道徳の指導内容と密接に関わりをもっている。

 学校目標や学級目標の具体化は，特別活動を中心としながら，各教科や道徳の時間，日常生活等の指導を通しての総合的な取り組みによって行われる。それは，学校目標や学級目標を大きなくくりとして，いわば総合単元的な指導がなされているといってよいのである。

 したがって，総合単元的道徳学習の計画においては，まずそれぞれの学級における学級目標にかかわりのある道徳の内容項目を取り上げ，それをたとえば一ヵ月の間にどのように指導していくのかを，道徳の時間を中心としながらとくに学級活動と関連をもたせて構想していくことが考えられる。

 また，基本的な生活習慣の指導は，どの学級においても重視されるものである。かつ，内面的な力の育成を図りながら，日常生活や学習活動の具体的な場面における行動として習慣化されるまでの指導が繰り返し行われる。このような指導は，基本的な生活習慣の確立をくくりとした総合単元的な学習活動として位置づけられる。

（3）子どもの道徳学習の場を全体的に押さえて多様に構想する

 総合単元的道徳学習を構想する場合には，さまざまなレベルで計画されるとしても，ねらいにかかわる道徳性の育成がどのような場で行われるのかを，全体にわたって把握しておく必要がある。まず，道徳の時間における学習である。ここでは，道徳的価値についての学習が計画的・発展的に行われる。これを狭義の道徳学習ととらえることができる。

 さらに，各教科や特別活動での学習，学校での日常生活や生活環境を通しての学習，家庭での学習，地域社会での学習などが考えられる。それらの中で直接的に道徳学習にかかわるものがある。この部分を一般的な道徳学習としてとらえることができる。それらは，それぞれの場における子どもたちの学習活動の中でおのずとなされる道徳学習であり，子どもたちがあまり意識していない場合も多いと考えられる。

このような道徳学習を支援する教師の立場としては，道徳の時間を中核として，それぞれの場における道徳学習と関連をもたせながら，総合的に道徳学習が進められるように支援していくことが求められる。それらを計画するのが，総合単元的道徳学習の創造ということになる。

さらに広い意味での道徳学習は，子どもたちが日常生活において行う学習活動すべてが含まれる。いずれの学習活動も，よりよい人間形成のためのものであり，最広義の道徳学習と位置づけることができる。したがって，総合単元的道徳学習は，その中核として道徳の時間の学習を位置づけ，さらにその関連でよりよい人間形成のためのさまざまな学習活動を視野に入れながら構想することが大切である。その際，特別活動が重要な役割を果たす。

このような大きな視野のもとに，特定の道徳学習が各教科や特別活動，外国語活動（小学校のみ），総合的な学習の時間などの学習活動において，どの単元や題材の，どの時間で，とくにかかわりをもって行われるのかを把握する。そして，それらと道徳の時間の指導とを関連づけながら，より効果的な道徳学習が子どものレベルにおいて連続的，発展的に行われるように計画していくのである。

さらに，総合単元的道徳学習の構想においては，家庭における道徳学習との関連や，地域社会での道徳学習との関連を計画的に図ったりすることも含まれてくる。

それらをすべて取り入れた道徳学習を常に考えるというのではない。このような視点を押さえた上で，より焦点的に特定の道徳学習の場面と道徳の時間及び特別活動との関連を計画的に図り，指導を充実させていこうとするのである。そのような実践事例が多く集まることによって，特定の道徳的価値の学習の全体構造が明らかになり，さらにその具体的な支援のプログラムが，さまざまな状況を考慮して考え出されてくる。そういった研究実践の積み重ねによって，これからの学校教育を担う本来の道徳教育が確立されてくるといえよう。

第8章 特別活動と道徳教育

> **学習課題**
>
> （1） 特別活動は「体験による道徳教育」の中核であるといわれる。その理由を考えてみよう。
> （2） 「内省による道徳教育」の中核である道徳教育の時間との違いと共通性について考えてみよう。
> （3） 4月の新学年の始めから5月の連休明けくらいまでの学級経営について，学級活動と道徳の時間を響き合わせる形でプランを立ててみよう。

参考文献

押谷由夫『総合単元的道徳学習論の提唱』文溪堂，1995年。
押谷由夫・小寺正一編著『新しい道徳教育の理念と方法』教育出版，2008年。
杉田洋編著『心を育て，つなぐ特別活動』文溪堂，2009年。
宮川八岐編著『特別活動　平成20年改訂』東洋館出版社，2008年。
文部科学省『小学校学習指導要領解説　特別活動編（平成20年8月）』東洋館出版社，2008年。
文部科学省『中学校学習指導要領解説　特別活動編（平成20年9月）』ぎょうせい，2008年。

（押谷由夫）

第9章 特別活動と学級経営

　新しい小学校学習指導要領には，特別活動の内容の取り扱いについて，「学級経営の充実」を図ることが明記された。

　学級経営とは，教師が学級における教育活動の目標を実現するために行う総合的な計画立案とその実践をいう。現代の学級には，いじめや学級崩壊などの諸問題が見られ，学級において望ましい人格形成を行うためにも，学力の向上を図るためにも，適切な学級経営が求められている。

　本章では学級経営の概要を示した後，学級経営を学級づくりという視点からとらえ，その具体的な手法を明らかにするとともに，学級づくりが特別活動と深い関係にあることを指摘する。その上で，特別活動が学級づくりを促進し，望ましい学級経営を行う原動力となりうることを，実践例を交えて明らかにしていきたい。

1　学級経営の特質

（1）学級経営とは

　初めて学級担任となった教師は何を考えるだろうか。多くの教師は，自分の学級の子どもたちと良い関係を作り，いい授業を展開し，いい学級を作りたいと願うに違いない。実は，そうした願いを実現するために学級経営という考え方がある。つまり，現実に，いい学級を作るためには，教師は自分が受け持つ学級をさまざまな側面から組織・運営する必要がある。そして，その具体的な手立てが学級経営と呼ばれている。すなわち，学級における教育活動の目標を，もっとも有効に展開し実現するために，教師が総合的な計画を立案し運営していくことを学級経営という。

　わが国の学級の起こりは，1886（明治19）年の小学校令にまでさかのぼる。その後，学級は「一人ノ本科正教員ノ一教室ニ於テ同時ニ教授スヘキ一団ノ児童」と定められ，歴史的に，教師と児童・生徒を構成要員とする安定的・持続

的な集団として存在してきた。また，当初より学級には，単に学力の育成だけではなく，その安定的・持続的な教師と児童・生徒，児童・生徒相互の人間関係から，児童・生徒の人格形成もが期待されてきたという（志村，1994）。

しかし近年，いじめや学級崩壊など，わが国の学級はマスメディアで盛んに報道が繰り返されているように，多くの問題をかかえている。その原因は，さまざまに議論されており，学級のあり方に着目する研究も多い。たとえば，滝充は，いじめ問題に関する調査研究から，学級の雰囲気に着目して「凝集性が強い（学級の結束が固い）ほうが，いじめ行為に関わる人数が少なくなる」と指摘している（滝，1996）。

また，竹川郁雄は担任教師と子どもとの関係に着目して，担任教師による統制が極端に強すぎる場合と弱すぎる場合に，いじめを許容する雰囲気が形成されやすいと指摘する。たとえば，「先生がこわいか」という質問に対して，「ものすごくこわい」と「こわくない」の両極端を選択した者の学級に，いじめを許容する雰囲気が形成され，いじめが起こりやすいことが示されている。すなわち，あまりに教師の統制が強い学級では，ストレス解消的にあるいは教師に替わる制裁という意味でいじめが生じやすく，教師の統制があまりに弱い学級では，異質な者を排除しようとする意識や，からかいやふざけとしていじめが生じやすいと考えられている（竹川，1993）。

さらに，学級崩壊に関する調査からも，学級のあり方がその一因となっているとの指摘がある。たとえば，学級がうまく機能していない状況とされている102学級の内，74学級で「教師の学級経営に柔軟性を欠く」ことが原因であると報告されている（岡東他，2000）。

このように，現代の教育問題の生起に関しても，学級のあり方，すなわち学級経営の重要性がますます高まっているといって，過言ではない。そこで，次に，学級経営の役割を明らかにすることにより，学級経営のあり方について考えてみたい。

（2）学級経営の役割と計画

学級経営の内実は，その学級の教育目標の設定により異なり，それぞれの教

師の方針によって，多様にとらえられる曖昧な概念である。しかし，大きく分けて，その役割には，児童・生徒の学力の育成と，児童・生徒の人格の形成という2つの考え方がある（細谷他，1990）。

　第一に，学級の教育目標を学力の育成とし，学級経営を，授業場面での学習効果を上げるための条件整備ととらえる考え方がある。この考え方は，アメリカで始まった学級経営（教室経営）の研究が，「授業の失敗」の原因解明から起こったことによっている。つまり，授業の失敗は，児童・生徒の人間関係のゆがみ，教室の施設・設備の不備，教師のパーソナリティの欠陥の3つを原因とし，これらの原因を取り除き，授業を成功させることが学級経営の役割と考えられた。

　第二に，学級の教育目標を児童・生徒の人間形成とする立場からは，いわゆる「学級づくり」を中心に，学習指導をも視野に入れた学級経営の考え方が示されている。すなわち，学級の集団構造，具体的には教師と児童・生徒間，児童・生徒相互の人間関係が共感的・支持的なものになることにより，学級における学習への意欲が増大し，さらにそうした人間関係から，良好な人間形成をもたらすという，相互循環的な考え方である。したがって，人間形成が，学習指導をも含み込んだ教育活動ととらえられ，学級経営は，学級でのすべての活動を視野に入れたものとして考えられている。

　こうした学級の教育目標の方向により，学級経営の力点は微妙に異なるに違いない。しかし，いずれにしても，その具体的な経営方針は教師によって，多くは年度当初に立てられることになる。その内容は，多義にわたるが，一般に次のような事項が考えられる。

　まず，教師が担任をする学級の現状を把握することである。すなわち，児童・生徒の家庭状況や地域の実情，児童・生徒の性格や態度傾向，関心や興味，学習への取り組みや友人関係などである。ただし，これは，児童・生徒の問題点をあらかじめチェックするといった性格のものではなく，彼らの内面理解のためのデータとして考える必要がある。

　次に，学級経営をどう進めるかという見通しをもつことである。それは，教師自身の教育目標の立て方と深くかかわるが，具体的には，教師と児童・生徒

の人間関係をどのように作りだしていくのか。児童・生徒相互の人間関係や学級の集団構造をどう作りだしていくのか。さらには，こうした活動を通して形成される学級の雰囲気や風土をどのような方向で考えるのか。そうした，さまざまな見通しをもった計画を立てることが必要となる。

　さらには，いわゆる教室環境をどう整えるかが問われる。机の配置，掲示・展示物のレイアウトなど，意図する学級経営にふさわしい環境をどう作りだすかが，考えられる（高旗，2000）。

　また，こうした学級経営の留意点としては，次のようなことがポイントとなる。

　まず，先に述べたように，学級経営の計画は，教師がどのような教育目標をもつかによって大きく異なる。すなわち，教育活動の目的をどう考えるのか。そのことと関連して，児童・生徒との人間関係や学級集団をどうとらえていくのか。そうしたことが，明確にされなければならない。しかし，その学級経営は，開かれたものでなければならない。いわゆる「学級王国」の閉鎖性・排他性を打破するためにも，他の教師との情報交換や協同，保護者との連携，連絡などを心がけなければならない。

　そして，こうした学級経営の目標を設定することは大切であるが，その目標に固執してはならない。その時々の学級集団や児童・生徒の実情に合わせて，柔軟に対応しなければならない。また，学級経営は，絶えず向上を図る営みであり，学級の実情にふさわしい目標が，段階的に追求される必要がある。

　このように，学級経営のとらえ方は，その目標の設定のし方によりさまざまである。ところで，特別活動との関わりで学級経営を考える立場からは，その教育目標は主に先にあげた児童・生徒の人間形成と考えることができる。そこで，次に，いわゆる「学級づくり」に焦点を移し，その視点や具体的な方法と実際をみてみよう。

2　学級経営と学級づくり

（1）学級づくりの視点

　学級づくりは，学級経営を児童・生徒の人間形成をめざした教育活動の全体としてとらえることから出発する。ところで，学級を児童・生徒の視線からとらえれば，それは自分の意志とは無関係に，あらかじめ決められた仲間と教師によって構成される「所属集団」であるに過ぎない。しかし，児童・生徒の人間形成を目指すためには，学級集団が，単に外部から強制的に付与された所属集団ではなく，児童・生徒が愛着を感じる集団になる必要がある。そうした集団を「準拠集団」と呼び，それは「個人が自分をその集団に関係させたいと望んでいる集団」のことである（片岡，1979）。そうした集団でこそ，児童・生徒の人格形成，すなわち望ましい態度形成と変容がもたらされると考えられる。言い換えれば，所属集団として出発した学級集団を準拠集団に作り変えていくこと，そこに学級づくりの意義があるといえる。

　ところが，教室の現実は厳しい。ある女子中学生の訴えを読んでみよう。

　　「クラスの女の子が冷たく感じるんです。このままいったら親友ができるかどうか心配です。無視されたり，いじめられたりするのではないか，と不安でたまりません。女の子たちの間では，グループ化が進んでいて，話しかけても，グループの子じゃないと，冷たくあしらわれてしまうんです。」
（岡田，1996）

　このような風景は，今，いじめの問題と関わり，多くの学校で問題となっている。実は，冷え冷えとしたこうした集団の雰囲気は，防衛的風土と呼ばれている。

　防衛的風土の特徴は，仲間の間に恐れや不信といった雰囲気があり，攻撃的で，とげとげとした感じの風土である。また，防衛的風土の学級では，全体の仲間という意識が薄く，グループとグループの対立が起こりやすくなっている。先の，ある女子中学生が所属する学級は，まさにこの防衛的風土になっているのがよくわかる。一方，こうした冷え冷えとした風土ではなく，暖かい風土の

ことを，支持的風土と呼ぶ。

　支持的風土は，その名称の通り，仲間の間にお互いを支持し合う雰囲気があり，暖かさを感じることができる風土である。したがって，支持的風土をもつ学級では，自分の考えや思いを素直に出せること，お互いのコミュニケーションがスムーズに行われることなどが特徴となる。さらに，児童・生徒の活動に，自発的・創造的な活動が見られやすいことや，お互いに助け合う協同や相互扶助の活動が見られやすいことも特徴となる。学級経営をうまく行うためには，いうまでもなくこの支持的風土を学級の中に作り出すことが必要となる。それは，同時に学級を先にあげた準拠集団に作り変えていくことにつながる（片岡，1990）。

　私たちの日常の感覚から，進んで自分が防衛的風土に所属したいと願う人は，ほとんどいないだろう。多くの場合，自分が所属する集団であるがゆえに，防衛的風土であっても，仕方なくそこに所属しているに過ぎない。つまり，繰り返すが，学級が児童・生徒にとって所属したいと願う集団，すなわち，準拠集団になることが学級づくりのもっとも大切なポイントである。そして，学級が子どもたちの準拠集団になることにより，一層支持的風土がもつ雰囲気がかもしだされる。それはまた，学級の支持的風土の雰囲気が高まることにより，さらに学級が児童・生徒にとっての準拠集団になっていくという，相互循環的な作用をもたらすことになる。

　先に述べたように，新しい学級に集まった児童・生徒にとって，当初その学級は，単なる所属集団に過ぎない。そして，その学級でさまざまな活動を経験していくうちに，学級や担任や級友に対する愛着が増し，準拠集団へと変容していく場合がある。しかし，その変容は自然発生的に起こることはほとんどない。したがって，その変容をいかに作りだしてゆくか，教師の指導性が問われることになる。そこで，次に学級の雰囲気を支持的なものにし，準拠集団に変容するための学級づくりの方法を考えてみよう。

（2）学級づくりの方法

　学校がもつ官僚的な性格から，学級集団はどうしても防衛的風土になりやす

いといわれる。きまりや校則，それを児童・生徒に守らせることを要求されている教師，縦のコミュニケーションによる効率のよい学級集団の運営。このような状況から，学級には統制や強制が生じやすく，それらが強調されることにより，防衛的風土が出現しやすいといえる。したがって，支持的風土の形成や，それに伴う所属集団から準拠集団への変容を生みだすためには，教師の明確な見通しが必要になる。以下に，片岡徳雄の所論を中心に，その方法を整理してみよう（片岡，1981）。

　まず，学級集団の「構造づくり」がある。支持的風土にふさわしい学級の構造は，上下の統制関係が強い構造よりも，より柔軟な構造がよい。そのためには，次のような指導の原則を守らねばならない。

　第一に，学級のきまりを柔軟にすること。

　先に述べたように，規律の過度の強調は，統制や強制を生みやすい。したがって，教師が強制するきまりよりも，児童・生徒自身が話し合い，作りだしたきまりがよい。また，どうしてもこれだけはというきまりは，なるべく項目を少なく，児童・生徒が納得した上で決めるとよい。さらに，それらのきまりは，学級集団の成熟にともなって，どんどん新しく，より児童・生徒の自律をめざしたものになればなおよいだろう。

　第二に，学級の人間関係を柔軟にすること。

　学級の人間関係には，教師と児童・生徒，児童・生徒同士の2つの側面がある。後で詳しく述べるが，まず教師自身が統制や強制を強く打ちだす専制的な言動をとらないことが大切となる。児童・生徒同士の関係では，一部の者に勢力が集中しないように配慮することが大切になる。とりわけ，学級のリーダーを特定の児童・生徒に固定化せずに，流動性をもたせるようにする。たとえば，サブグループ（班）を編成した場合，一人の者を班長にし，あとは全員班員という形ではなく，それぞれの児童・生徒がグループの中で何か役割をもつ「一人一役」が望ましい。そうすることにより，すべての児童・生徒に潜むリーダー性を育てることができる。また，授業場面でも，一部の児童・生徒だけが活躍するのではなく，発言（ことば）以外の参加の方法（動作や表現など）を考慮し，全員が参加できるよう配慮したい。

第9章　特別活動と学級経営

　第三に，学級の組織を柔軟にすること。
　先に述べた，教師－班長－成員といった上意下達的な組織は，児童・生徒相互の人間関係が固定化し，防衛的風土を生みだしやすい。ただし，サブグループの編成は，児童・生徒の相互理解を深めることや，協同や自主性の育成に効果がある。したがって，サブグループの編成を班長中心の編成ではなく，たとえば学級の仕事や活動を中心とした編成にしてみるなどの工夫が必要となる。そうした編成は，班長中心の編成に比べ，グループ内の横のコミュニケーションを生みだしやすく，また，それぞれの児童・生徒の活動を活発化させることから，仲間に認められ，仲間の役に立つ満足感を得やすいと考えられる。
　次に，支持的風土を作りだし感じとる主人公，学級成員の「態度づくり」が重要となる。教師はそのための指導を積極的に行わねばならないが，その原則は以下のように整理できる。
　第一に，相手に対する思いやりの態度を育てること。
　私たち大人の世界でも，ややもすれば多くの人々は自己中心の態度に終始しやすい。したがって，児童・生徒の中に相手を思いやる気持ちを育成することは，とても大切なことである。相手の身になり，相手の立場に立ち，相手の考えをくみとることを，常に心がけさせねばならない。そうすれば，授業中の間違いを笑ったり，ばかにしたりしないなど，授業や学級活動の中の具体的な場面で，教師が意識することにより，指導のチャンスが多くめぐってくるに違いない。また，思いやりの心を育てるために，自分自身への内省を習慣化させることも大切であろう。
　第二に，相手の多様性を認める態度を育てること。
　相手の欠点を指摘し，それを糾弾する態度は，防衛的風土を形成しやすい。そうではなく，どの相手にも長所が必ずあり，それを認めあうという態度を育成したい。そのために，相手の考えや行動にどのような良いところがあるかを常に探させるよう努めさせなければならない。また，「ありがとう」「ごめんね」「よかったね」「おいでよ」といった受容的・共感的な言葉が児童・生徒の中に育つよう，配慮しなければならない。
　支持的な雰囲気をもった学級を作り出す，学級づくりの方法を述べてきた。

ところで，こうした学級づくりの具体的な実践には，特別活動が重要な役割を果たしている。次に，学級づくりと特別活動の関係について考えてみよう。

3　学級づくりに生かす特別活動

（1）特別活動の特質

　新しい小学校学習指導要領に「学級経営の充実」が明記されたように，元来，学級経営と特別活動との間には，本質的な共通点がある。第一に，その「目的」が，主に児童・生徒の人格形成を目指していることである。もちろん，学級経営には学力の育成という目的もあるが，それも，児童・生徒相互の，あるいは教師との人間関係のありようが重要となっている。第二に，その「手段」が，学級における集団活動を通してということに焦点化されていることである。すなわち，学級づくりにおいても，特別活動においても，「望ましい集団活動」の展開が，ある意味で最も重要な要素と考えられている。

　そうした望ましい集団活動の一例として，ある大学生のレポートを見てみよう。

　中学2年生の時の文化祭，私たちのクラスでは，プラネタリウムを作ることになった。骨組みを作ったり，ハンダでコードをつなげたりと，夜遅くまで作業が続いた。最初は，中心メンバーばかりでの作業だったが，少しずつ協力してくれる人が増えてきて，どんどん作業がはかどるようになった。

　分担して作業を行っていたので，お互いの大変さや，進み具合がよくわからず，対立してしまうこともあった。けれど，そのことを通して「お互いにわかりあおう」とか「もっと話し合っていかなければだめだ」といった気持ちをもてるようになった。

　協力して目標に向かっていくことの難しさや楽しさ，プラネタリウムが完成した時の充実感など，一生忘れられない思い出が出来た。そして，この文化祭を通して，クラスの団結が深まった。それは，また，私たちの無謀ともいえる計画に付き合ってくれ，励ましてくれた担任教師と私たちとの結びつきを残してくれた。

このように，特別活動の行事を通して，学級の雰囲気やつながりが良くなったという体験は，多くの人がもっているに違いない。こうした成員相互の関係の良い，まとまった暖かい雰囲気を，支持的風土と呼ぶことは，すでに指摘した。特別活動，なかでも学級活動に期待されることは，望ましい集団活動の中で，さまざまな教育的効果が児童・生徒にもたらされることである。その中には，「不安や悩みの解消」「望ましい人間関係の育成」も含まれている。しかし，先に示したような防衛的な学級風土からは，そうした教育的効果は望むべくもない。逆に，不安や悩みをその学級がつくりだすことにさえなってしまう。そこで，児童・生徒のグループ化とその対立や，一部の児童・生徒の孤立化を解消することは，学級づくりの課題として重要な意味をもつ。つまり，学級風土を，望ましい集団活動を展開しうる風土に変容させていくことに，特別活動の重要な役割の一つがあるといえよう。
　では，特別活動の実践で，その風土を学級にどうつくるか，次にそのことを考えてみよう。

（2）特別活動が学級をつくる

　支持的風土には，それを作りだすためにふさわしい活動がある。具体的な特別活動の指導の原則を考えてみよう（片岡，1981）。
　第一に，創造的・表現的な活動を行うこと。
　たとえば，先に示したように文化祭の催しなどに学級ぐるみで挑戦し，その活動によって学級のまとまりが高まることがある。こうした創造的・表現的活動は，学級・サブグループの成員それぞれにさまざまな出番を与え，集団の中における自分への満足感を高めやすい。また，活動の中で，日常とは違う相互のコミュニケーションを得ることができ，お互いの信頼感を深めるといった効果があると考えられている。また，多くの場合，作品として完成する喜びを獲得することができる。こうした活動には，レリーフの製作，文集・新聞・アルバムの作成，学級歌づくり，スライド・ビデオ映画の製作などが考えられる。
　第二に，相互の触れ合いを高める活動を行うこと。
　創造的・表現的活動が結果として，成員相互の触れ合いを高めることはわ

かった。ここでは、さらに積極的に、成員相互が精神的に身体的に触れ合う場を設定したい。近年、人と人との関係が希薄になってきたと指摘されるが、学級の中で児童・生徒相互の触れ合いを促進する体験学習を行いたい。グループエンカウンターや、ロールプレイング、集団討議などが考えられる。

　第三に、楽しい雰囲気を作りだす活動を行うこと。

　先に支持的風土とは、いごこちがよい雰囲気だと指摘した。一般に、支持的風土の雰囲気は、楽しく、しっとりとした、張りのあるものだといわれている。ここでは、学級が準拠集団であるためにも、楽しい雰囲気に注目したい。楽しい雰囲気は、これまで述べてきたような活動によっても、もちろん醸成されていく。しかし、もっと直接的に児童・生徒が喜ぶゲームを学級活動の随所に取り入れることも効果があるだろう。

　さて、このように、支持的風土を作るための、特別活動の原則について述べてきた。最後に、これらの実践の最も重要なポイントである、教師の姿勢について考えてみよう。

　支持的風土づくりを進めている学級を見学しても、何となくぎこちなく、その雰囲気は防衛的であったりすることがある。そうした場合、最も注意しなければならないのは、教師自身の態度や言動が、支持的風土にふさわしいかということである。頭では理解していても、教師自身が支持的風土づくりにふさわしくない言動を示すなど、教師の指導に一貫性が見られない場合が多い。支持的風土を作りだすために、教師はどうすればよいのだろうか。

　まず、大切なのは教師自身が日常的に、支持的風土を作りだす成員の態度（相手に対する思いやり、相手の多様性を認める）を実践することである。たとえば、児童・生徒の良いところを見つけだし、ほめる、失敗や間違いに対しては励まし、力づける、多様で形成的な評価を心がけるなど、こうした教師の日常的な言動が、相互循環的に子どもたちの態度形成につながっていくことになる。「自分のできないことは児童・生徒に要求しない」といった、まさに教師の実物教育が求められることになる。そうした上で、支持的風土を壊すような児童・生徒の言動には、厳しく対処することが必要となろう。

　また、支持的風土の成員には信頼しあう気持ちがみなぎっているといわれる。

教師と児童・生徒の間にも，その信頼を基盤とした人間関係を築く必要がある。信頼の人間関係を築くためには，児童・生徒を一個の人格として認める謙虚さをもって相手と対等にむかいあうこと，相手への愛情と信頼を鮮明に示すこと，教育的ではあっても虚偽の言動を慎むことが必要である。そうして，支持的風土の育成に求められるこのような態度を教師自身が内面化し，成熟してゆくことが何よりも大切なポイントになるといえよう。

学習課題

（1） 自分が担任するクラスの「学級開き」の具体的な方法を考えてみよう（小・中学校の何年生かをイメージして）。
（2） 雰囲気が良かったクラスとそうでなかったクラスを思い出して，その違いを考えてみよう。
（3） 学級づくりのさまざまな考え方や方法論について調べてみよう。

参考文献

岡田弘編『エンカウンターで学級が変わる　小学校編』図書文化，1996年。
岡東壽隆他編『学校経営重要用語300の基礎知識』明治図書，2000年。
片岡徳雄『学習集団の構造』黎明書房，1979年。
片岡徳雄編『特別活動論』福村出版，1990年。
片岡徳雄編著『全員参加の学級づくりハンドブック』黎明書房，1981年。
児島邦宏『学校と学級の間――学級経営の創造』ぎょうせい，1990年。
志村廣明『学級経営の歴史』三省堂，1994年。
高旗正人編『学級経営重要用語300の基礎知識』明治図書，2000年。
滝充『「いじめ」を育てる学級特性』明治図書，1996年。
竹川郁雄『いじめと不登校の社会学』法律文化社，1993年。
細谷俊夫他編『新教育大事典』第一法規，1990年。

（太田佳光）

第10章 特別活動と生徒指導

　本章では，現在の学校教育における生徒指導の課題を明らかにし，特別活動を基盤として生徒指導を充実させる方途を描いている。学習者は各節で以下のことを理解することが求められる。第1節では「消極的生徒指導」イメージの問題から，自己の「生徒指導観」を批判的に考察し，生徒指導力を高めるための内省を行う必要性を学ぶ。第2節では，生徒指導に果たす特別活動の役割を，学習指導要領との関わりから理解する。第3節では，特別活動を通じた生徒指導のアプローチは，予防開発型アプローチと問題解決型アプローチの2つに大別できることを学び，それぞれのアプローチを充実させるための方策を理解する。第4節では，特別活動における指導・援助の「偶発的領域」と「計画的領域」の2つを，相関させて生徒指導機能の充実を図る必要性と方策を理解する。

1　生徒指導に関する誤解

「生徒指導」という言葉からイメージするものは何であろうか？
　この質問を教員志望の大学生に尋ねてみると，回答には「校則を違反した生徒を指導すること」「万引きやシンナーなど，悪いことをした生徒を指導すること」「いじめや不登校の指導をすること」等がよく挙げられる。これらのイメージは「生徒指導」の説明として間違いではないものの，残念ながら，これだけでは不十分である。というのも，生徒の問題や短所などを改善することは「消極的生徒指導」と呼ばれ，生徒指導の一部を意味するものだからである。
　これに対して，「積極的生徒指導」と呼ばれるものが，我が国の生徒指導として本来的に求められているものである。『生徒指導の手引き』（文部科学省）によれば，この「積極的生徒指導」の目的は，「社会生活における人間としての資質や能力の発達」「健康な人格の発達」のための指導とされている。わかりやすくいえば，よりよく生きるための力を開く開発型の生徒指導，すなわち，

子どもたちの社会性やよりよい生き方を希求する意欲関心態度等を高め，多様な資質能力を開発することを目指した生徒指導が根本的には求められているのである。

　にもかかわらず，先の消極的生徒指導のイメージの強さは依然として根強い。その理由は，いくつかあるだろう。たとえば，第一に教師を主人公とするドラマやマンガ（金八先生，GTO等）では，生徒の抱える問題を解決することで役割を果たす教師の物語が描かれており，メディアの影響力の高い今日では，これらの物語が我々の教育観（生徒指導観）に深く関わっていることが挙げられるだろう。第二には，1970年代から80年代にかけて校則や体罰に代表される管理統制型生徒指導が校内暴力や非行などの社会問題化の時期に用いられ，その結果，この種の生徒指導に対して，今なお，教育現場で根強い信仰があることにも由来するだろう。第三には，過去の経験に関する記憶の問題があげられる。というのも，「積極的生徒指導」は短期的な指導ではなく，長期的な教育活動を通じて体験しているものであるため，明確なエピソードとして思い出したり，語ったりすることが困難である。むしろ，「叱られた」「怒られた」という経験が記憶として残りやすいため，「生徒指導＝短所の矯正」というイメージが構成されていると考えられる。

　では，この生徒指導に関する誤解はどのような教育実践上の課題につながっているだろうか。これは具体的な事例で考えてみるとわかりやすい。

　たとえば小学校の高学年で「いじめ」と判断されうる状況がある場面，もっと具体的にはある児童が他者の嫌がることをいったり，したりしている場面に，あなたは学級担任として直面したとする。この時，あなたは目の前の「言動」「行動」を注意しやすいのではないだろうか？　しかしながら，「言葉」「行動」の背後に「他者への思いやり」「規範意識」といった個人の道徳性に課題がある場合，強く叱っていうことを聞いたとしても，他律的に問題行動を管理しているに過ぎない，ということになる。一方で，「集団における生活の在り方」「学級における人間関係」等に問題がある場合，「言葉」「行動」に関する指導を当該児童にした場合，「なぜ，自分だけ叱られなければならないの？　まわりにも問題のある子がいっぱいいるじゃないか？」と強く不満をもたせて終わ

り，ということになってしまう危険性もある。

　すなわち，子どものライフヒストリーを踏まえた指導・援助の力（目の前の子どもの事象から，深い児童理解・生徒理解を導き，子どもの将来を見据えてどのような資質能力を開発することがその児童生徒のためになるのか，という一人一人の人生史を見据えた指導）と学級や学校における「望ましい集団づくり」の力が，「生徒指導力」には不可欠である。

　このように考えると，私たちの「生徒指導観」は，生徒指導力という教育実践の広さと深さに関わる問題であることがわかる。教師として成長するためには，専門的知識を深く学び，自己の教育観の再構成をすることで，自らの狭い経験から離れて，より広範で多角的多面的な「生徒指導観」「特別活動観」をもつことができる。本節では，そのためにまず，自己の「生徒指導観」を批判的に考察する必要性を示した。

2　生徒指導に果たす特別活動の機能と役割

　生徒指導とは，児童生徒が自らを生かし自己実現できるよう援助する教育機能であり，学校の教育活動全体を通じて推進することを基本としている。その中でも特別活動はとりわけ生徒指導と関連の深い教育活動である。たとえば，「第3　指導計画の作成と内容の取扱い」（中学校学習指導要領）において，「（2）生徒指導の機能を十分に生かすとともに，教育相談（進路相談を含む。）についても，生徒の家庭との連絡を密にし，適切に実施できるようにすること。（3）学校生活への適応や人間関係の形成，進路の選択などの指導に当たっては，ガイダンスの機能を充実するよう〔学級活動〕等の指導を工夫すること。特に，中学校入学当初においては，個々の生徒が学校生活に適応するとともに，希望と目標をもって生活をできるよう工夫すること。」と明記されている。

　ここで特別活動と生徒指導の関わりを中学校学習指導要領から示したい。まず便宜的に生徒指導は，学業・進路指導，適応指導，道徳性指導，保健（健康）指導，余暇指導に分けられることが多い。そこで，この分類をもとに特に関連した活動内容を学習指導要領から抜き出すと，次のように整理できる*。

第10章　特別活動と生徒指導

＊なお，学習指導要領から抜き出してある文章の数字・カタカナ記号は，中学校学習指導要領（平成20年）に示された学級活動・生徒会活動・学校行事の内容の番号をそのまま示しているので，学習指導要領を参照されたい。

【学業・進路指導】

学級活動の内容（3）学業と進路

「ア　学ぶことと働くことの意義の理解」「イ　自主的な学習態度の形成と学校図書館の利用」「ウ　進路適性の吟味と進路情報の活用」「エ　望ましい勤労観・職業観の形成」「オ　主体的な進路の選択と将来設計」

学校行事（2）文化的行事，（5）勤労生産・奉仕的行事

【適応指導】

学級活動の内容（1）学級や学校の生活づくり

「ア　学級や学校における生活上の諸問題の解決」「イ　学級内の組織づくりや仕事の分担処理」「ウ　学校における多様な集団の生活の向上」

学級活動の内容（2）適応と成長及び健康安全

「ア　思春期の不安や悩みとその解決」「イ　自己及び他者の個性の理解と尊重」「ウ　社会の一員としての自覚と責任」「エ　男女相互の理解と協力」「オ　望ましい人間関係の確立」「カ　ボランティア活動の意義の理解と参加」「キ　心身ともに健康で安全な生活態度や習慣の形成」

生徒会活動（1）生徒会の計画や運営，（2）異年齢集団による交流，（3）生徒の諸活動についての連絡調整，（4）学校行事への協力

学校行事（1）儀式的行事（新しい生活の展開への動機付け）

【道徳性指導】

学級活動の内容（1）

学級活動の内容（2）「イ　自己及び他者の個性の理解と尊重」「ウ　社会の一員としての自覚と責任」「エ　男女相互の理解と協力」「オ　望ましい人間関係の確立」「カ　ボランティア活動の意義の理解と参加」

生徒会活動（5）ボランティア活動などの社会参加
学校行事の内容（5）勤労生産・奉仕的行事

【保健（健康）指導】

学級活動の内容（2）適応と成長及び健康安全
「ア 思春期の不安や悩みとその解決」「キ 心身ともに健康で安全な生活態度や習慣の形成」「ク 性的な発達への適応」「ケ 食育の観点を踏まえた学校給食と望ましい食習慣の形成」
学校行事（3）健康安全・体育的行事

　そのほか，余暇指導に関しては，長期休暇中の安全指導であったり，学習計画の作成などがそれにあたる。
　あらためて『中学校学習指導要領解説　特別活動編』で考えてみると，「特別活動については，その課題を踏まえ，特別活動と道徳，総合的な学習の時間のそれぞれの役割を明確にし，望ましい集団活動や体験的な活動を通して，豊かな学校生活を築くとともに，公共の精神を養い，社会性の育成を図るという特別活動の特質を踏まえ，<u>特によりよい人間関係を築く力，社会に参画する態度や自治的能力の育成を重視する。</u>」（「教育課程の基準改善の基本方針」3頁）ことが強調されている。すなわち，「よりよい人間関係を築く力，社会に参画する態度や自治的能力」が特別活動で育成する力として重視され，この力を開発することを通して，積極的生徒指導として特別活動が機能し，役割を果たすことになる。すなわち，特別活動は，「生徒指導や進路指導にかかわって，生徒のよりよい適応や成長，進路等の選択にかかわる，集団場面を中心とする指導・援助であり，生徒一人一人の可能性を最大限に開発しようとするもの」（『中学校学習指導要領解説　特別活動編』98頁）であり，ここに特別活動のめざす生徒指導上の機能と役割がある。

3　予防開発型／問題解決型アプローチ

　ここから実践的なレベルで考えてみたい。実践レベルでみた場合，特別活動における生徒指導へのアプローチには大別して2つを挙げることができる。第一は予防開発型アプローチ（佐々木，2008）であり，よりよいパーソナリティやコミュニケーション能力等を開発することで，「よりよい人間関係を築く力，社会に参画する態度や自治能力」の基盤を開発することをねらいとするアプローチである。第二は問題解決型アプローチ（白松，2007）であり，学級や学校生活におけるさまざまなトラブルを解決する活動を通して，「よりよい人間関係を築く力，社会に参画する態度や自治能力」を開発し，伸張することをねらいとするアプローチである。ここでは，それぞれに分けて，具体的な実践例を示しながら詳しく説明したい。

（1）予防開発型アプローチ

　まず予防開発型アプローチは，子どもたちのパーソナリティやコミュニケーション能力等の開発を通して，よりよい人間関係の構築をめざしたり，学級や学校生活におけるトラブルの発生や社会生活における問題行動等の予防をねらいとする。

　たとえば，攻撃的な言動や行動を行う児童生徒は，このパーソナリティ特性ゆえに，学級・学校・社会生活における人間関係上のトラブルを起こしたり，巻き込まれたりしやすい可能性がある。まわりの雰囲気にあわせて自己主張できない児童・生徒の場合，「学級内の困りごと」などを話すことができず，学級へ行きにくくなったり，まわりにあわせることで，トラブルに巻き込まれたり，問題を先送りして深刻化させてしまったりする可能性がある。

　近年では，このアプローチに関わって，ソーシャル・スキル・トレーニング（SST）やアサーション・トレーニングなど，子どもの社会生活上の能力や態度を開発する手法が学級活動上流行している。また集団風土の向上を目的として構成的グループ・エンカウンター（SGE）が用いられるようになった。

この理由の一つには，学級生活の問題解決以前に，子どもたちのコミュニケーション能力や人間関係上の諸能力に大きな課題があると考えられている現状がある。かつては小学校入学以前に，多様な仲間集団や異年齢集団における遊びや地域行事等を通して，人間関係を築くための基礎的な力や人間関係上の不快な体験を得ていたが，少子化や地域共同体の崩れにより，ここに課題が見られるようになったと考えられる。また価値多様化により，地域共同体としてのしつけ（規範や価値観の共有）も減少し，さまざまな社会的背景を抱える子どもたちが増加してきたといわれる。この結果，学校教育の肥大化と表されるように，「遊び仲間集団」や「地域社会」の機能を教育活動に持ち込む必要が生じてきた。

　ただし，予防開発的アプローチは短所の矯正ではないことに留意すべきである。そうではなく長所を活用したり，他者とよりよく関わることによって，さまざまなトラブルに対処する力の基盤を身につけさせることが目的であることを再度強調しておきたい。

　「短所はすぐには変わらないが見方をかえると長所になる」というソリューション・フォーカスド・アプローチの手法で，リフレーミング（見方を変えることで，見える現実が変わる，という考え方と方法）を行う姿勢が教師には求められる。生徒指導を行えば行うほど，学級の雰囲気がよりよくなるはずであるが，もし悪くなるとすれば，その指導が「消極的生徒指導」（問題の要因を多角的に考えること抜きに，目の前の表面的な問題のみへの対処療法的な指導）になっている可能性があげられる。なぜならば，「短所」を指導してもなかなか改善されないため，「叱り」の場面が増え，「防衛的風土」（北風型学級風土）になりやすい。こうなると，「努力しても変えることのできない短所への苛立ち」が教師への苛立ちにつながり，「先生の指導能力のなさ」という原因帰属を生み出すこともある。また「努力しても変えることのできない短所へのあきらめ」が学級への効力感を低下させたり，「どうせ自分は」という開き直ったあきらめを生み出しかねない。大切なことは，「短所はなかなか変わらない」という前提で，長所によってカバーする方法を考えたり，長所を伸ばすことによって短所を許してもらう関係をつくったり，他者の長所で補ってもら

う人間関係をつくるなど，多様な力や関係を開発することが重要である。

(2) 問題解決型アプローチ

次に問題解決型アプローチとは，学級や学校生活上の諸問題を解決することをめざした活動で得た諸能力が生徒指導上の諸問題を解決する諸能力の基盤となったり，学級や学校生活上の集団レベルの問題解決が個人の生徒指導上の課題を解決することにもつながったりする，と捉えるアプローチである。

従来の学級活動や生徒会活動は，主としてこちらを主眼としていたが，1998（平成10）年の学習指導要領改訂によって年間時数が削減されたとともに，現在では特別活動の課題のある領域と考えられている。

学級活動の内容（1）ア「学級や学校における生活上の諸問題の解決」はこのアプローチを端的に示している。ここには特別活動が「主として学級や学校での集団生活にかかわる生徒個々の問題の解決のための活動であり，その解決のために，教師が積極的にかかわって指導・援助する活動」（『中学校学習指導要領解説　特別活動編』，28頁）であり，問題解決型アプローチによって生徒指導としての機能と役割を果たす重要性が示されている。集団生活にはかならず「トラブル（困りごと，やっかいごと等）」がつきものであり，このトラブルは生徒指導上の問題とも重なることが多い。

ところが学級活動で教師のとりあげる問題が子どもたちに共有されないまま，話し合い活動の議題となり，表面的な話し合いで終わるケースも少なくない。ひどいケースでは，特別活動についての理解がじゅうぶんでない教師の場合，「自主的」という言葉を隠れ蓑にして，放任型の問題解決をさせることがある。たとえば，A君とB君が感情的なトラブルになった時，教師のいない場所で「なっとくするまで二人で話しなさい」というような指導である。

では問題解決型アプローチを採用する場合，積極的に教師が介入するためには，どのような力が教師に求められるであろうか。ここでは，学級における資源を見極める力の重要性を指摘しておきたい。

まず〈よりよい〉問題解決を達成するためには，図10-1の概念図で示したように，学級の中にある資源を2つの尺度で見極めながら学級や学校生活の諸

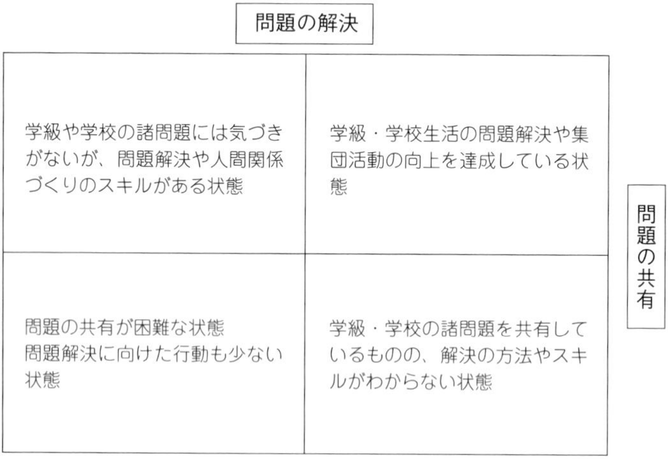

第3部　特別活動と他の教育活動との関係

```
                    問題の解決
    ┌─────────────────────┬─────────────────────┐
    │ 学級や学校の諸問題に  │ 学級・学校生活の問題 │
    │ は気づきがないが，問題│ 解決や集団活動の向上 │
    │ 解決や人間関係づくり  │ を達成している状態   │
    │ のスキルがある状態    │                      │
    ├─────────────────────┼─────────────────────┤  問題の共有
    │ 問題の共有が困難な状態│ 学級・学校の諸問題を │
    │ 問題解決に向けた行動も│ 共有しているものの， │
    │ 少ない状態            │ 解決の方法やスキルが │
    │                      │ わからない状態       │
    └─────────────────────┴─────────────────────┘
```

図10-1　問題共有と解決のモデル

問題の解決にあたることが必要である。

　第一の尺度は，トラブルの共有化のための資源である（図10-1の横軸であり，右にいくほどトラブルを共有化している子どもの割合や資源が多いことを示している。以下，トラブル共有化資源とする）。第二は問題解決のための資源である（図10-1の縦軸であり，上にいくほどトラブル解決を試みる子どもの割合やトラブルを解決するための子どもの資質能力の多さを示している）。これをわかりやすく具体的な事例で考えてみよう。

　係活動を充実させたいと教師が考えているものの，児童生徒の中ではそれほど係活動への関心がない学級の状態を想起してもらいたい。一部，熱心な児童生徒が係活動に取り組んでいる時，そうでない児童生徒との間でトラブルになったり，係活動が形骸化し，教師の思いと子どもの思いの間でトラブルが生まれることなどが想像できるであろう。その時に，「係活動の意義や必要性をどの程度共有できているか？」「係活動で，熱心な児童生徒が困っていたり，悩んでいたりする想いや内容を他の児童生徒がどの程度共有できているか？」という児童生徒の実態（トラブル共有化資源）を細やかに理解していないと，学級活動で問題解決が困難な状況におちいりやすい。一方で，「係活動において，一人ひとりの好みや長所を活かしてどのような活動を個々の子どもたちが

行っているか」「係活動でお互い助け合っていたり，他の係の活動を手伝っている児童生徒がどの程度いるか？」といったトラブル解決資源を把握できていなければ，諸問題の解決の方途がみえにくいものとなりやすい。

このように問題解決型アプローチでは，学級の中にあるトラブル共有化資源とトラブル解決資源を把握したり，それが十分でない場合は，児童生徒に提供したりしながら，「学級や学校生活上の諸問題」の解決に向き合わせていくことが教師の積極的な働きかけになる。

4　〈よりよい生徒指導〉をめざす特別活動の指導・援助モデル

〈よりよい生徒指導〉をめざす上で，特別活動において教師はどのような指導・援助モデルを意識しておくべきであろうか。ここでは，カリキュラム上の特性から特別活動の指導・援助モデルを示したい。

まず特別活動には教科書がなく，児童生徒の学級学校生活を起点とする教育活動で構成されるという特性がある。そのため，「教師の願い」と「児童生徒の願い」を常にすりあわせながら，教育活動が営まれるという「偶発性・偶然性」の領域が多い。よい言葉でいえば「臨機応変」な指導・援助が重要であり，悪い言葉でいえば「場当たり的」な指導・援助にも陥りやすい。そこで，「場当たり的」に陥らないように，「臨機応変」な指導・援助を可能とするためには，「一貫性」が重要となる。

各学校及び学校段階の移行（連携）を包含した「望ましい集団活動」のビジョン（目的・目標）を明確化し，ひろげたい人間関係の在り方，深めたい集団への態度，集団規範の浸透，などに従って，一貫性のある教師の積極的な働きかけや児童・生徒の見取りを大切にすることが重要である。最低限，1年後の3月にどのような学級になっていてほしいか，一人ひとりがどのように成長してほしいか，を見通した上で，一貫性のある，かつ計画的で継続的な指導・援助を行っていく必要がある。たとえば，5月の集団宿泊を通してどのように人間関係を高めたり，個人の資質能力を高めたいか，その高まりを9月の運動会でさらにどのように発展させるか，そして継続的に係活動を通してどのよう

第3部　特別活動と他の教育活動との関係

```
┌─────────────────────────┐
│      偶発的領域          │
│   (Try and Error)       │
│  非一貫性・突発性・偶発性etc │
├─────────────────────────┤
│      計画的領域          │
│      (PDCA)             │
│  一貫性・継続性・計画性etc  │
└─────────────────────────┘
```

図10-2　特別活動の指導援助モデル

に指導・援助するか，という計画的な見通しである。これは，P（計画）D（実施）C（チェック）A（改善）のマネジメントサイクルを基盤とする学級経営の指導・援助モデルである。

　この学級経営の基盤の上に「偶発性」の指導・援助領域がある。例を示すと，「他者への感謝や思いやりをもった関わりあいを増やしていきたい」というビジョン（願い）をもっている学級で，そういった言動や行動をみいだした場合，しっかりと学級の児童生徒に褒めて伝え，継続的に指導・援助を行っていくことで，この学級における「望ましい人間関係」は子どもたちの考える資源となっていく。一方で，教師の願いと児童生徒の願いがずれている場合は，児童生徒の願いを基盤として，PDCAの見直しを図ることも求められる。

　この指導援助モデルを図示したものが図10-2である。すなわち，〈よりよい生徒指導〉をめざす特別活動の指導・援助モデルには，「一貫性・計画性・継続性」を基盤として，「偶発性・可変性・即時性」を包含するケースと，「偶発性・可変性・即時性」を基盤として「一貫性・計画性・継続性」を意図するケースと，2つに大別することができる。柔軟で芯のある生徒指導を特別活動を通じて創出するには，この両方の領域を同時に達成していく指導・援助モデルが重要である。

　最後になるが，形骸化した「生徒指導」「特別活動」の問題は，教育活動や児童・生徒に関する浅い理解によって引き起こされる。深く広がりのある「生徒指導」「特別活動」を創出することが現在の教師に求められていることを改めて強調して論を閉じることにしたい。

学習課題

（1） 特別活動と生徒指導の関わりを『学習指導要領解説 特別活動編』を参考にして，説明しなさい。

（2） 特別活動の2つのアプローチについて説明し，生徒指導上の目的を達成し，教育活動を深化・充実させるための方策を考察しなさい。

（3） 学級や学校生活の諸課題を解決する上で，現在の学級活動の有する課題を明らかにし，よりよい問題解決を達成するための方策を論述しなさい。

参考文献

佐々木正昭「特別活動の予防的開発的生徒指導としての役割についての考察」『日本特別活動学会紀要』第16号，15-20頁，2008年。

白松賢「これからの学級活動の創造――「問題解決」に着目して」『日本特別活動学会紀要』第15巻，1-5頁，2007年。

（白松　賢）

第 4 部

特別活動の実践手法

第11章 学級活動

I 子どもが元気になる学級開き・学級目標づくり（小学校）

　　　　　4月の学年当初，子どもの希望や意思とは無関係に学級への所属が決定される。割り当てられた学級の中で，少なくとも1年間は過ごさざるを得ない。誰先生が担任になるか，誰と同じ学級になるか，前年度一緒だった親友は今年度も一緒なのか，いじめっ子はいないだろうかなど，期待と同時に懸念も少なくないのが子どもの偽らざる気持ちである。そこで，教師には，子どもの不安や懸念を解消し，希望に満ちた学級にしていく手だてが求められる。この最初の教師の手だて・仕事が，学級活動の時間の「学級開き・学級目標づくり」である。まず，この活動の基本的考え方とその手法について述べたい。

1　子どもが期待をいだく学級開き

(1) 学級開きまでの事前の準備

　学級経営が年間を通じて充実するかどうかは，子どもたちとの最初の出会いである学級開きで決まるといっても過言ではない。子どもたちの新しい学級への思いや期待，また不安を十分に考慮した上で，「この先生となら学校生活が楽しくなりそうだ。」「この先生が担任で本当によかった，安心できる。」という信頼感を抱かせる学級開きになればしめたものである。そのために，学級開きの時までに，学年当初に，次のような準備が必要である。

① 学級の子どもたちの名前を正しく呼べるように。最近は，「愛子」と書いて「あいね」と読むとか，「月」と書いて「るな」と読む場合がある。事前に正しい読み方を調べ，男女を確認し，自信をもって名前を呼べるようにしておく。名前を正しく呼ばれることは，子どもが教師を信頼する最初の一歩とな

第11章 学級活動

　　る。
② すべての子どもの長所を，前担任に聞いたり，指導要録で調べたりして把握しておく。マイナス面には先入観をもたず，プラス志向で見るようにする。
③ 教室をきれいにしておく。古い掲示物は取り除き，汚れが目立つところは清掃しておく。できれば，花瓶に季節の花を飾っておきたい。
④ 黒板に，「みんなと会うことが楽しみだ」「みんなと一緒にすばらしい学級をつくっていきたい」といったメッセージを書いておく。

（2）当日の教師の構えと姿勢
① 明るい声・表情で一人ひとりに語りかける。笑顔で瞳をみつめながら，ユーモアを交えて話す。おとなしい子どもには，教師の側から声をかけ，必要に応じて，握手やハイタッチ等のスキンシップを行う。
② 健康観察（出席の取り方）を工夫する。前日までに確認しておいたことを生かして，名前を正しく呼ぶ。そして，子どもの反応に対して，「元気がいいね」「目が輝いているね」「野球が得意だそうだね」「ピアノの演奏が上手だってね。今度聴かせてね」といった具合に，必ず一言返す。
③ 教師の思いや考え，願いを熱く語る。具体的には…
　ア　出会えた縁の素晴らしさについて語る（県内だけでも10万人以上，日本全国では900万人以上の小学生がいる中で同じ学級になった縁を大切にして，明るく元気で仲のよい学級をつくろう。このメンバーで1年間一緒に過ごすのは，一生に一度きりしかない，貴重な時間だなど）。
　イ　感謝することの大切さについて語る（この世に生を受けたこと，戦争のない平和な国・時代に生まれていること，自分を支えてくれているすべての人，今，みんながここで勉強や運動ができること，に感謝しようなど）。
　ウ　継続することの大切さについて語る（千里の道も一歩から，雨だれが大理石を穿つこと，1日20分の学習でも1ヵ月で600分，1年で7,200分になること，努力を続けていくと急激に伸びる日が訪れること，三日坊主でも100回やれば300回になることなど）。
　エ　生まれてきたことの意味について語る（この世に不要な人間は存在しな

いこと,すべての人間は世の中の役に立つために生まれてきたこと,どの子も親にとってかけがえのない大事な宝物であることなど)。

　上記のように,教師が十分な準備を行い,子ども一人ひとりに誠実に接することで,子どもたちは「自分を理解してもらえている」「自分が大切にされている」「私たちのことをしっかり考えてくれている」ことを実感できて,担任への信頼感が高まり,新しい学級での学習や生活に期待がふくらむ。

(3) お互いを認め,高め合うための取り組み

　自分に自信がもてず,人間関係に不安を感じている子どもは多い。好ましい人間関係が築けず,社会性が十分に育っていない状況も確かにある。そこで,学級開きの時には,教師からの子どもへの働きかけだけでなく,子ども同士を結びつけ,良好な関わりや信頼関係を築けるような取り組みが必要となる。

① 自己紹介を工夫させる。たとえば,自分の名前,自慢できること,長所,今年度頑張ることを書かせ,発表させる。その後に,「掃除が上手な一郎君,バレエが得意な静香さん…」といった具合に,一覧表にまとめて掲示したり,配布したりする。

② 友だちの紹介をさせる。担任や学級のメンバー全員に向かって,自分の友だちのよいところやがんばりを具体的に書かせ,発表させる。その際,できるだけ具体的なエピソードも加えさせる。

③ 仲間づくりのゲームをする。「ジャンケン列車」や「猛獣狩りに行こう」,「同じ誕生月で集まる,好きな季節毎に集まるゲーム」などを行う。ゲームを通して共に活動する喜びを味わわせ,お互いの共通点や長所に気づかせる。

④ 「私は誰でしょう」のクイズを行う。たとえば,カードに自己アピールを3つ書かせる。カードを回収し,ヒントを一つずつ出しながら,誰のことかを考えさせる。「第一ヒント,サッカーが大好きです。」「第二ヒント,走るのが速いです。」「はい。答えは俊介君です。」といった具合に進めていく。なかなか正解が出ない場合には,教師がヒントを補足する。

2　子どもの意欲を高める学級目標づくり

（1）話合いで学級目標を考える

　学級目標は，よりよい学級生活を営むために学級のみんなが守るべき約束ごとであり，取り組む課題である。このため，学級目標は，学級全員の総意が反映されたものにしたい。また，子どもが守れない，達成できないような高次の内容とか，評価や振り返りが難しい抽象度の高い内容は避けたい。

　学級目標づくりは，次のような手順で行う。①まず，前年度までの学級生活を振り返らせ，自分たちの学級の課題や改善すべき点を思いつくだけ出させる（板書する）。②出てきた思いや課題を話合いで整理し，多くの子どもが感じている課題を絞り込ませる（できれば3つ以内に）。③それらの問題点を改善することが，本当に学級全体の向上につながるかどうかを確認させる。④学級目標として適切な表現（言葉）を考えさせる。

（2）目標をより具体化する

　学級目標が単なるスローガンに終わらないように，より具体的な文言に改めていく必要がある。その際に留意すべきことは，次のようなことである。

○　否定的な表現にしない

例：「室内ではさわがない」→「室内では静かに過ごそう」
　　「あだ名で呼ばない」→「友だちを，さん，君づけでよぼう」

○　具体的に取り組むことを盛り込む

例：「仲よくしよう」→「友だちのよいところを見つけよう」
　　「何でもがんばる学級」→「行事に協力して取り組む学級」

○　数値目標を盛り込む

例：「ボランティア活動をしよう」→「毎日，一つ以上，人のためになることをしよう」
　　「給食を残さず食べよう」→「残飯・残菜ゼロ連続100日をめざそう」

(3) 目標の達成に向けて何をすべきか工夫する

目標は行動の指針とならねばならない。学級で決めた目標の達成に少しでも近づけるように，次のような手だてを講じる。

○ 朝の会や帰りの会に，学級目標を唱和する。声を出すことで目標を覚えることができるし，その都度，目標を意識することができる。

○ 生活班を活用し，目標達成に向けてどんなことをがんばれるかを具体的に検討する。そして，短期目標を設定する。

例：学級目標「お互いに目を見てあいさつをしよう」の場合，「笑顔であいさつを交わそう」といった短期目標を設定し，あいさつをするときには，「お互いに目を見ること」「笑顔であること」を意識化させる。

○ 定期的に振り返りをする。1ヵ月とか1週間といった短いスパンで前述の短期目標について学級全体で振り返らせる。そして，学級目標にどれだけ近づいたかを評価させる。自己評価，生活班による評価を行い，どの程度達成できているのか，また，低い達成度である場合，問題解決の具体的な方策はないかを考えさせる。

○ 自分たちの評価だけでなく，授業参観やゲストティーチャーを招いた際に，保護者や地域の人々から学級目標の達成状況についてコメントをもらう。

(4) お互いが高まり親しくなれるようにする

短期目標を達成することができたら，その都度，学級でお祝いをする。たとえば，給食の際に牛乳で乾杯とか，昼休みに達成記念のドッジボール大会の開催とか，家庭科の調理実習に一品加えて食事会を行い，目標達成に向けた互いの努力を認め合い，称え合うようにする。

そういったお祝いをすることで，友だちとの会話も増えるし，共通の目標達成ができた喜びを分かち合うことができる。

さらに，年度末に学級目標が達成できた場合には，時間を確保してお祝いをし，みんなで盛り上がってから学級を閉じることにする。

（清田浩文）

Ⅱ 希望や目標をもって4年生になろう（小学校）

　3年生の3学期，それも3月に近づくと，「4年生になったらクラブ活動が始まる。」「4年生になったらおもしろい行事がたくさんある。」といった次の学年への興味・関心が高くなる。また，「4年生になったらしてみたいことがある」といった思いや願いも高まってくる。だが，期待感が高まる一方，学習面や行事面に関する不安をもつ子も少なくない。
　このような子どもの心理を踏まえ，ここでは，以下に示す4つの目標を設定し，今の自分たちの学習や生活を振り返り，4年生になった時のために今からできることを一人ひとりが考え，実践できるような手だてを工夫した。なお，本実践は，教師の意図的・計画的な指導のもとに行われる学級活動（2）の実践である。

1　目　標

① 4年生に向けて，自分がやってみたいことや頑張りたいことを見つけようとする態度を身に付けることができる。（関心・意欲・態度）
② 4年生になったときの楽しみをふくらませたり不安を解決したりするための方法を考え，自己決定を行うことができる。（思考・判断）
③ 自己決定をもとに，自己評価を随時行うことができる。（技能・表現）
④ 4年生に向けて，希望や目標をもつ大切さを知ることができる。（知識・理解）

2　個と集団のからみで

　学級活動は集団活動であり，一人ひとりの子どもの意識や態度や能力の形成でも集団との関わりが大切となる。この観点から，授業の展開に際しては，ア 個の問題を集団で共有する活動，イ 個の問題を集団で解決する活動，ウ 集団で考えた考えを個に戻す活動，の3つの活動とその相互関係を重視した。

3　指導計画

（1）事前の活動

　まず，4年生に進級した時の期待や不安を明らかにするため，①楽しみなこととその理由，②心配なこととその理由，の2項目についてアンケートを実施した。アンケートのねらいは，本時で学級の課題として共通理解を行うためのものである。集計結果は，教師と子どもとの共同作業で大判用紙に棒グラフの表に整理した。

　また，本時で使用する資料作成のため，全員参加を原則に実行委員を募り，4年生への取材活動を行わせた。取材活動は，アンケート結果から予想される心配に思うこと（「勉強がむずかしい」「（クラブ活動の時）何をしていいかわからない」）に焦点を当てさせた。勉強・学習面の心配については，国語，算数，社会の各教科担当の実行委員に，4年生の教科書の中から多くの子どもがほぼ理解できそうな問題を選ばせた。クラブ活動等については，クラブ活動担当の実行委員が，現在の4年生にインタビューを行ってもらった。

（2）本時の活動

【目　標】
①　4年生になったときの楽しみを膨らませたり，不安を解決したりするための方法を考え，自己決定を行うことができる。（思考・判断）
②　4年生に向けて，希望や目標をもつ大切さを知ることができる。（知識・理解）

【本時の指導の考え方と手だて】
　まず，本時のめあてをつかませるために，4年生になったら楽しみなこと，心配に思うことについてのアンケート結果をそれぞれ第3位まで提示し，心配に思うことの項目に着目させ，子どもたち自身が思う不安について共通理解させる。その後で，その不安を解決していこうとする本時のめあてを提示する。

次に、みんなの不安をなくすために、今からどうすればいいのか、今できることを含め各グループで話しあわせ、それぞれ発表させる（発表内容は板書）。さまざまな意見がでた後、事前に取材活動をさせておいた実行委員会の子どもに、取材してきた内容を発表させる（資料化した取材内容を配布）。

実際に不安内容を話しあったり、上級生の話を聞いてみたりすることで、子どもたちの不安はある程度解消されるものである。また、4年生になったから特別なことをするということではなく、今の学習や生活を振り返ることの大切さを指摘するとともに、今からでもできることに気付かせるように配慮する。

一番難しいのは、今から何をするか、何ができるかの自己決定である。自己決定した内容は今後、実践していく内容であることを伝え、一人ひとりに「がんばりカード」を配布し、自己決定内容を書かせる。その際、黒板に板書している、みんなで考えた内容の中から選ばせるようにする。アンケート結果から明らかなように、「心配なことがない」と答えた子どもも少なくない。彼らには、心配に思っている子にどんなことができるか、という視点から書かせる。

最後に、自己決定した内容項目を日常的に実践する意欲をもたせるため、現4年生を対象に実施したインタビューの内容（楽しかったと思うこと）のビデオを見せる。ビデオは事前に実行委員が撮ったものである。以上をフローチャートで示せば、表11－1のとおりである。

（3）事後の活動

① 4年生に向けて、自分がやってみたいことや頑張りたいことを見つけようとする態度を身に付けることができる。（関心・意欲・態度）
② 自己決定をもとに、自己評価を随時行うことができる。（技能・表現）

本時で一人ひとりが自己決定したことを、3月に実践していく。「がんばりカード」をもたせ、毎日自己評価を行わせる。評価方法としては、4段階評価（◎…よくできた　○…できた　△…もう少し　×…できなかった）と実践したことの感想を書かせる。また、実践への意欲を喚起するために、実践の途中経過を発表したり、友達の実践に対しての感想を言ったりする。

表11-1　本時の授業の流れ

児童の活動	指導上の留意点	資　料
1　アンケート結果から，本時学習のめあてをつかむ。	○4年生なった時の不安に対して共通理解を図るため，事前に取ったアンケートの結果を提示し，不安に思うことに着目させる。	棒グラフ

　めあて
　4年生になった時の心配をなくすために，今からできることを話し合おう。

2　みんなで解決策を考える。 （1）心配に思うことの具体的な内容を知り，それぞれ今からできることを出し合う。 （2）実行委員会が取材してきたことをもとに，今からできることを出し合う。	○心配に思うことの第1位である勉強からは，国語，算数，社会が心配なことをグラフを使って知らせる。また，第2位のクラブ活動についても，アンケートの具体的理由を知らせる。 ○4年生の教科書から問題を抜粋する。3年生のうちの学習をしっかりしておくことが大切だということに気づかせるため，問題の内容は3年生でもできる内容を抜粋し，発表させる。 ○クラブ活動については，事前に撮っておいたインタビュービデオを流す。	○4年生の教科書から抜粋した問題 ○インタビュー内容 ○ビデオ ○がんばりカード
3　出し合った意見をもとに，自己決定を行う。	○自己決定をしやすいように，出し合ったことを板書で整理しておく。なかなか自己決定ができない子には，板書の中から自分が頑張りたいことを選ばせる。不安に思っていない子は，不安に思っている子に対してどんなことができるかを書く。	
4　自己決定した内容を確認しあい，実践への意欲を持つ。	○実践意欲を高めるために，自己決定したことを称賛し，事前に撮っておいた4年生のインタビュービデオを流す。	○ビデオ

最後に，実践したことへの達成感をもたせるために，一ヵ月実践したことについて自己評価を行う。そして4年生になったときの期待と目標をもたせるため，「こんな4年生になりたい」という目標を書かせ，4月の新学期の日までもたせておく。

　(4) 考　察

　本時は，4年生に進級するにあたり，心配なことを解決するために，一人ひとりが心配に思っていることを学級全体で共通理解し，その解決策を集団で考え，個の自己決定に生かす活動を行うことで，本時目標を達成できるであろうという仮説のもとに展開した。

　まず，事前活動で4年生になって楽しみなことと心配なことについてアン

ケートを実施した。それをグラフに表し，導入時に提示し，学級の友達が心配に思っていることの内容を理解するとともに，自分と同じ心配をもつ友達がたくさんいることに気づき，安心している。このことは，グループでの発言内容やその後のアンケート結果からうかがえる。

次に，心配なことを「勉強（社会，算数，国語）」と「クラブ活動」の2つに分けて，実行委員に事前に取材させていた内容を発表させ，それにもとづき3年生のうちからできることを考えさせた。この流れは間違っていないが，成果の点から考えると，次の2つの点で具体的な手だてを欠いていた。一つは，子どもに各種の取材をさせる前に，予め，ある程度取材内容を焦点化させるべきであった。そのため，子どもの思考が拡散し，解決策も多様化し，考えを深めることができなかった。もう一つの問題は，集団で思考した解決方法を自己決定に生かしていく過程である。何を，いつまでに，どのような方法で，といった具体的な目標を立てさせることを怠ったため，一人ひとりの決定内容が曖昧になった。

たしかに，以上のような問題は残るが，本時の終末段階で，内容の曖昧さはともかく，全員が自己決定した内容を書くことができたことから，本時の目標は概ね達成できたと考えることができる。

（飯盛康二）

Ⅲ 係活動を活性化する実践手法（小学校）

　　　　　学級活動の一分野に係活動というものがある。それは，一般的に次のような活動であると理解されている。
　　　　①児童の自発的・自治的活動，②学級生活の向上発展をめざす活動，③児童が必要と認めて創る活動，④常時活動ができる仕事内容をもつもの，⑤児童の創意・工夫を生かせる活動，⑥学級の全児童で組織される活動，⑦グループ活動（集団活動）を原則とするもの，⑧ある期間，特定の活動を継続的に受け持つもの，である。
　　　　　係活動とは，給食や清掃等の当番活動とは根本的に異なる。当番活動は，「ないと学級生活に支障をきたすもの」である。これに対して，係活動は，「なくても困らないが，学級生活を楽しく，充実したものにする上で不可欠な活動」である。両者は区別して理解する必要がある。ここでは，係活動を展開する上での実践的手法のいくつかを要約する形で示してみたい。

1　低学年の係活動

　学級生活が楽しくなる係活動にしていくには，低学年から計画的な仕掛けが必要である。ここでは，1年生の係活動に焦点を当て，その実践的手だてを述べる。1年間かけて「係大好きっ子」になるように，次の3点をポイントに取り組む。

(1)「またやりたいなぁ」という仕事を見つけさせる

　1年生は，担任に最も興味を示し，その一挙一動に注目しているといっても過言ではない。この特性を利用して，仕事を見つけさせる指導を行う。
　1年生を担任すると，いろいろな仕事が山ほどある。そこで教材研究や事務処理に関わることは除いて，できるだけ子どもがいる時に仕事をする。たとえば，教室の窓の開け閉め，ノート配り，生き物の世話，花の水かけ，黒板消しなど。そのうちに必ず子どもの方から声をかけてくる。「先生，手伝おうか？」と。最初に声をかけてきた子どもを早速係第1号に指定する。指定するだけではだめである。仕事の名前とその子の名前をカードに書いて，掲示板に貼るの

である。それだけで，子どもは得意満面になる。
　係と当番は根本的に違うと述べた。しかし，この時期の子どもにはそんなことは関係ない。ただ，先生の手伝いが大っぴらにできることが嬉しい。なので，子どもが見つけてきたものはどんなものでも認めていく。決して「それは日直さんにやってもらおうね」などといわないようにしたい。積極的な子どもは，きっかけさえつかめれば，あとは自分からいろんな仕事を探すようになる。教師は消極的な子どもに声をかけるべきである。「先生のお手伝いをしてくれるかなぁ」といいながら近づいてみるとよい。

(2)「やってよかった」という経験を積ませる

　とにかく誉めることである。その際大切なのは，その仕事がみんなの役に立ったことを強調することである。これが係活動の意義を伝えることになる。1学期の終わりには，ぜひとも「ありがとう集会」を開いて，それぞれの係活動をねぎらってやりたい。

(3)「またやろう」という意欲を盛り上げる

　掲示板にはる係の名前に一工夫こらして，仕事が終われば裏返しにできるようなカード式にする。裏を返すと「ごくろうさま」の言葉が書かれてあったりすると，もうバッチリである。
　2学期くらいになると，友達関係も徐々にできる頃なので，思い切って係を交替させるとよい。1年生の間に，いろいろな仕事を経験させるよう心がけたい。
　2年生になると，当番と係の仕事の違いを教えてもよい。また，1年生の時に経験した係を，たとえば，「学級をもっと楽しくできそうなものはないか」「みんなで協力できそうなものがどれか」などの観点から見直させてみる。何気ない顔をして，「○年生では，こんなことやっていたよ」という情報を伝えたり，係の名前を工夫させたりする。この程度の手だてだけでも子どもは意欲を燃やし，活動に活気が出てくる。

2　中学年以上の係活動

　低学年の間，先生のお手伝い的存在であった係であるが，中学年からは，はっきり「学級生活をよりよくするもの」という係の意義を教えていくようにしたい。

（1）係をつくる指導
　どんな活動が学級にあったら楽しいかを考えさせ，たくさん出させる。自分がやってみたいことを中心に考えさせると，意見が出やすい。
　次に，出てきた係のうち，どの係をやってみたいかを選ばせる。この場合，教師として「係の数や構成人数を規定する」ことや「構成メンバーを指名する」ことは避けたい。結果として，一つの係に多くの子どもが集中した場合でも，しばらく活動させてみる。活動に問題が生じた時，どうしたらよいかを話し合わせるようにする。ヒントとしては，仕事の内容によって係を2つ以上に分けるとか，新しい係に発展させるとかの工夫をするような助言をしておくとよい。
　係の所属に関して，「この子には○○さんと一緒の方が落ち着いて活動できる」などの個に対する支援から，ある子どもを特定の係に所属させることもある。この場合には，子どもから事前に了解を得る等の配慮を忘れないようにしておきたい。

（2）活動の計画
　学級生活をよりよくするために，係として何をやりたいか，メンバーの考えを出しあわせ，活動内容を決めさせる。係活動の内容には，ふたつの機能がある。図書係を例にとると，ひとつは学級文庫の整理や本の貸し出し業務などの当番的な活動内容，もうひとつは，本の紹介とか図書新聞の発行，図書クイズ大会など，メンバーの創意を生かした活動内容である。子どもたちは，とかく当番的な内容を考えがちであるが，係の基本的性格から，活動を通しながら適

切な助言によって創意的内容に気づかせるようにしていきたい。
　活動の内容が決まれば，次は活動の計画づくりである。活動の計画をできるだけ具体的に書かせる。メンバーは誰か，目的は何か，また何を，いつ，どこで，どのようにするのか。計画表はポスターに書かせて，教室に掲示するようにする。

（3）活動を支える条件

　第一の条件は，活動を行うための時間の保障である。子どもは，時間が保障されないと活動から遠ざかっていく。週に一度は，朝か帰りの活動時に係の時間を確保するようにしたい。第二は，場の設定である。教室の片隅に，係活動コーナーなどをつくる。また，活動と学級を結ぶ手だてとして，背面黒板の一部を係に自由に使わせるとか，係情報コーナーなどを設置するのもよい。子どもたちが自由に使える空間を確保してあげることが大切である。第三は，備品の配置である。活動に必要なものとして，画用紙・色画用紙（数色）・模造紙・マジックセット・サインペン・ホチキス・上質紙・はさみ・アラビック糊・色鉛筆・カッター等を準備して，自由に使えるようにしておくとよい。

（4）活動への意欲を喚起する

　活動への意欲を高めるために，まず，係に名前をつける。「○○係」ではなく，名前付けを工夫させてみる。たとえば，○○株式会社，○○友の会，○○サークル，○○会，○○省，○○隊，○○クラブ，○○研究会など。その名前によって，活動の仕方に微妙に変化がおこることがある。
　自分たちの係のシンボルとして，マークを考えさせるとおもしろい。できたマークは，係のポスターに描かせるようにする。中学年くらいであれば，マークをバッチにして胸に付けてあげるとか，マークを入れたメンバーズカードをつくるとかすると，自分たちの仲間意識がぐっと強くなる。

（5）係と学級とのつながりを意識させる

　係活動は，「学級生活の充実向上」をめざして行われるものである。このこ

とを意識し，たとえば，「係新聞」を作成させ，係の活動状況を学級に知らせる。係活動を学級とつなぐ一つの手だてである。また，学級生活の向上発展に役立つ物づくり，たとえば，しおりづくりや本づくりなどに取り組ませてみてはどうか。

子どもはイベント活動を喜ぶ。そこで，友だちに喜んでもらえるイベントを企画させる。まずは，簡単なミニイベントにチャレンジさせ，それに慣れてきたら1単位時間のイベントにチャレンジさせてみる。ここでは，他の係との協力体制をとらせることを忘れてはならない。

子どもたちは，係を始めた頃には，それなりの興味をもっていろいろな活動を行っている。そこを見逃さないで，いいところを見つけ，帰りの会等で取り上げ誉めることが大事である。学級通信などで係活動の様子を紹介すれば，保護者の理解も高まり，子どもの活動意欲と創意工夫に磨きがかかるであろう。

3　係の発展

4月につくった係活動は，どのように発展していくのか。放任では発展は期待できない。活動を見守りつつ，適切な時期を見つけ，適切な指導のもとによりよい係活動をつくりあげていく必要がある。

学期が変わると係活動も変わる。学期が変わる時は，子どもの意欲も高まってきており，係の再出発には欠かせない時期でもある。この時期に係の再出発をさせたい。その方法として，①今まであった係を作りなおす（新しい係を作る），②今まであった係を分離したり統合したりする，の2つがある。そのどちらをやるかは，学級の実態によって異なるが，大切なことは，今までの係活動を十分に反省してから行うことである。

以下は，係活動見直しのポイントである。

(a) 係の仕事を頑張ってやれたか。（行動性）

(b) 係の仕事はみんなの役に立ったか。（課題性）

(c) 協力して係の仕事ができたか。（協働性）

(d) 何か新しい工夫ができたか。（創造性）

(e) 時間の確保などが能率よくできたか。（効率性）
(f) 計画的に仕事ができたか。（計画性）

　係の発展に対して，教師は常日頃から活動の様子を観察し，実態を把握しておく必要がある。

4　おわりに

　係活動を活性化させるには，目標の明確化，自発性・自主性の喚起，創意工夫の喜び，役割活動への配慮，そして楽しさの追求ということを視点にして手だてを講じていく必要がある。特に楽しさの追求は，子どもの意欲と直結するものがある。安易な楽しさでなく，充実した楽しさを身近な実践の中で積み上げさせていく必要があろう。

　子ども一人ひとりが，係という小集団による自主的な役割活動を通して，学級生活の向上発展に貢献していくわけである。その中では，自己の持ち味を生かして役立った喜びとしての有用感，責任をもって役割を果たした満足感，厳しい壁を乗り越えた充実感，仲間との協力からくる連帯感と達成感などを得ることができる。これらの積み上げが，子どもたちの自己実現へとつながっていくであろう。

（椙田崇晴）

Ⅳ　魅力ある学級活動と話合いづくり（小学校）

　　　　　　　学級活動は，子どもが他と共に実際に生活を営むその実生活の場を舞台としている。そこに生じてくる問題の中で，子どもたち自身の問題として受け止めるものについて，互いに知恵や力を出し合って自らの手で解決しようとする。これが，学級活動の中心となる活動である。ここでは楽しい，魅力ある学級生活のための話し合いづくりの過程とその実践手法を紹介する。

1　学級活動は話合いをベースに

　ところで，学級の問題が首尾良く解決するか否かは，子どもの話合い体験の量と質に大きく左右される。学級の問題や課題は，「自分たちで話し合い，自

表11－2　自主的な話合い活動で集団の問題を解決する学習過程

区分	段階		学習過程	子どもの意識の流れ	支援の手だて
事前	計画	問題の焦点化・共有化	問題を発見する ↓ 議題化する ↓ 話合いの準備	・こんな学級になりたい。 ・できないなあ。 ・みんなでやりたいな。 ・こまったな。 ・みんなの問題だ。 ・くらしに役立つ議題にしよう。 ・何を話し合ったら，より高まるだろう。 ・話し合いがうまく進むための準備をしよう。	・子どもとの会話，作文，日記，共遊，観察などから問題発見の支援をする。 ・学級の目標，テーマ，議題に近づけるような議題にして，話合いの価値を高める。 ・議長団は輪番制にし，参加意欲を高める。
本時	話合い活動	相互理解 問題解決 意欲化	思いや願いを語り合う ↓ 解決策の検討をする ↓ 活動への期待を語る	・こんな思い出がある。 ・そんなことがあったのか。 ・こうできたらいいね。 ・こうしたらどうだろう。 ・こう変えたらどうだろう。 ・それはいい考えだ。 ・解決したらこんなことになるよ。 ・活動が楽しみだ。	・自由な雰囲気の中で誰でも自分の考えが出せるような場作りを工夫する。 ・建設的な意見，実現可能なアイデアを称賛する。 ・活動中や活動後の姿を見通した助言をする。
事後	実践反省	実践	準備をする ↓ 活動する ↓ ふり返る	・みんなで協力してやろう。 ・がんばったね。 ・楽しかったね。 ・こんなクラスになった。 ・またやりたいね。	・活動が混乱したり，停滞したりした場合だけ助言する。 ・学級集団としての高まりを称賛する。

分たちで決める」のが理想であるが，そこまでに至るには，話合いのしつけを含む，教師自身の細やかな辛抱強い支援や配慮が求められる。
　表11－2は，学級活動の学習過程とそのポイントを示したものである。

2　学級活動への意欲づけ

　まずは，子どもたちが学級活動への夢や期待を膨らませ，「学級活動の時間は，自分たち自身の時間である」という自覚を芽生えさせることが大切である。
　低学年や活動の経験が乏しい場合は，
○　教師主導のミニ集会を実施し，全員に共通体験をもたせる。
○　昨年度までに受け持った学級で取り組んだ活動の内容を写真や実物を示して紹介する。
○　話合いから実践までの一連の活動を簡単な内容で体験させ，やれる自信をもたせる。
　高学年や活動の経験が豊富な場合には，ワンランク上の課題を提示することにより，意欲が高まり，ステップアップが図られる。

3　話合いのプロセスが見通せるシステムづくり

　「話合い」本番を迎えるためには，議題の収集，議題の選定，話合いの計画などの事前の活動が必要となってくる。これらの活動を子どもたちが自主的に進めていくためのシステムを整えていきたい。
　議題の収集方法としては，①議題カード，②全員からのアンケート，③朝の会，帰り会から，④作文や日記から，⑤係から，⑥つぶやきから，などがあるが，子どもたちの願いを吸い上げる場を設けていくことが求められる。
　議題ポストという方法もあるが，提案されたことがらについて一目見て分かる掲示型の方がよい。その後の話合いの計画なども，できるだけ詳しく目に見える形で，学級全体に提案されることにより，見通しがもて，話合い活動に対する期待感が高まる。また，自然発生的に話し合う内容についての意見交換も

生まれ，効果的である。

また，この事前の活動の中で，教師は，子どもの願いや思いに寄り添い，それらの価値を高める助言や支援を十分行っていきたい。子どもたちのつぶやきに耳を傾け，学級全体に提案するよう励まし，提案してよかったという思いを多くの子どもがもてるようにしたい。

4　深まった話合いに向かう論点づくり

子どもたちにできる限り深まった話合いをさせたい。そのためには，一人一人の子どもが，どのような思いや考えをもっているかを把握すること，つまり，学級全体としての世論を把握をすることにより，話合いの焦点化を図ることが大切である。

以下は，その具体的手だてである。
① 所定の用紙に自分の意見やその根拠を記入させる。
② 用紙を掲示したり，一覧表にして全員に配布する。
③ 一覧表の場合は，「自分と同じ内容の意見」「違う意見であるが，取り入れたい内容」「質問したい内容」など，マーカーペンで色分けし，自分なりに学級全体の世論を整理させる。

本番の「話合い」では，話し合う内容としてたくさんのことが出てくる。
そこで，時間節約の観点から，先の③の手だてを使って，まず第1段階の世論の把握により，「一番話し合わなければならないことは何か」を計画委員会の子どもたちと吟味し，話合いの柱を絞る。

話合いの柱が決まった段階で，再度そのことについて，第2段階の世論の把握を行う。これにより，子どもたちは，全員がお互いの考えを知った上で話合いに臨むことになり，自分と違う考えに触れたり，同じ考えのその根拠を自分のものと比較することができ，自分の考えを深めることにつながる。質問や反論などを事前に整理し，提示しておくと，学級全体で話し合う前に，同じ考えのもの同士の小グループで作戦会議のようなものが生まれたりして，話合いが盛り上がってくる。

5　活動の実際（3年生「みんなが楽しめるドッジボール大会を開こう」）

段階	活動の流れ（○）と児童の様相（◇）
お こ す	○ 議題カードにより，議題として提案される。 ◇「クラスがもっと仲良くなるように，ドッジボール大会をしよう」という提案が出され，全員賛成で話合いが始まった。 ◇「みんなが楽しめるドッジボール大会にしたい」という思いから，そのためにルールの工夫について話し合う必要性を感じ，「みんなが楽しむことができるルールを決めよう」を議題に決定した。 ○ 議題に対する自分の思いをカードに書く。〈世論の把握Ⅰ〉 ◇「どんなルールが必要か」を考え，その中で，「苦手な人も楽しめるように外野に出るのは2回当たってから」についてが，一番意見が分かれるのではないかということになり，話合いの柱として決まった。その他のルールについては，朝の会等を利用して確認し，決めていった。 ○ 計画委員会が話合いの計画を立て，学級全体に提案する。 ○ 話合いの柱について，自分の考えを各自記入し，一覧表にして全員に配布する。〈世論の把握Ⅱ〉 ◇ 話合いの柱「外野に出るのは，1回当たってと2回当たってのどちらがいいか」について，自分の立場を決め，その根拠や具体的方法などについて，カードに書いた。
つ く る	○ 少人数での意見交流の場を設け，自分の考えを練り直す。 ◇ 友達の様々な意見を知った上で，まず少人数による意見交換を行った。同じ考えの者同士で自分の考えに自信を持つ子，違う考えの子との交流で自分の考えに対する理解を求める子など様々な姿が見られた。また，意見交換により自分の考えを変えた子もいた。 ○ 学級全体で話し合う。 ◇ 2つの立場から様々な意見が出された。「2回」派は，ドッジボールが苦手な子やそれを擁護する子たちであり，「みんなが楽しめる」ということを理由に主張した。「1回」派は，ドッチボールが得意な子が多く，2回にするとドッジボール自体のおもしろさが半減することやルールが難しくなる（当たった回数が分かりにくい）ことを理由になかなか譲らない。 ◇「1回」派の「当たった回数が分かりにくい」という意見に対して，「赤白帽子で，1回当たったらひっくり返す」という意見が出て，これに対して感嘆の声

	と拍手が起こった。しかし,「1回」派は,なかなか納得しない。 ◇ ここで教師が「2回当たって」のルールがどんなものか実際にやってみることを提案する。話合いを中断し,実際にやった結果,ドッジボールのおもしろさも減ることなくできたので,これでやってみようということになった。また,「自分は1回でいい」という人はそれでもいいということになり,「1回当たって」と「2回当たって」の選択制をとることで落ち着き,実践へと向かった。
おこなう	○ ドッジボール大会の準備を全員で役割分担し,行う。 ・対戦表,賞状づくり,コートの準備など ◇「2回当たって」のルールを採用したドッジボール大会は,普段逃げてばかりいた子に「ボールを受けてみよう！」というチャレンジ精神をかき立て,それができたときのまわりの子の大歓声とその子のうれしそうな笑顔が印象的であった。
ふりかえる	○ ドッジボール大会の感想を書き,自分や友だちのがんばりや良さを紹介し合う。 ◇ その後,休み時間の遊び中でも,ドッジボールをするときに「今日は,1回それとも2回でやる？」という声が聞かれ,このルールが学級文化として残ったことも微笑ましかった。

　学級活動の話合いでは,学級の全員が納得するまで,とことん話し合うことが大切である。一人ひとりの異なる意見がぶつかり合い,最後には,全員が納得し,互いに力を合わせて実践に向かっていく。この共通体験を通して,集団の凝集性が高まり,子ども一人ひとりが,特別活動の学びである「他と共に生きる力」を徐々に身に付けていく。実際,話合いのしつけにはかなりの時間とエネルギーを必要とする。しかし,この努力なしには,楽しい,魅力ある学級生活を保障することは難しいであろう。

（武富　通）

第12章　児童会活動・生徒会活動

I　ありさんパワーで素敵な学校をつくろう！（小学校）

　　児童会活動の目標は，「児童会活動を通して，望ましい人間関係を形成し，集団の一員としてよりよい学校生活づくりに参画し，協力して諸問題を解決しようとする自主的，実践的な態度を育てる。」ところにある。また，その内容は，小学校学習指導要領によれば，「学校の全児童をもって組織する児童会において，学校生活の充実と向上を図る活動を行うこと。」とある。

　　ところで，児童会活動は，目標に示された成果を達成しているのであろうか。多くの学校では，児童会長の選出の仕方や児童会組織の作り方等に工夫を凝らし，多くの時間を費やす。このことは重要である。しかし，形式は整っているが，多くの場合，子どもの活動意欲に高まりがみられない。その大きな理由の一つは，やるべき内容とその目標が児童会の役員には理解されているが，多くの子どもに共有されていないことに由来すると考えられる。

　　ここでは，最高学年である6年生の自覚と自立を促すねらいから，彼らを中心とする委員会活動の展開による「学校づくり」の実践例を報告する。

　　テーマの「ありさんパワー…」は，ありのようにどんなことでもこつこつやろうよ，という意味が込められている。

1　自分たちの手で学校をつくろう！

（1）どんな6年生になりたい？

　6年生のはじめに，学年集会を開き，「どんな6年生になりたいか」ということについて話合いをもった。子どもたちから，「自分たちの学校を最高学年としてつくっていきたい」という声がたくさんあがり，6年生のめあてを「自分たちの手で素敵な学校をつくっていこう」に決定した。

（2）一人一人が主役だよ！　委員会活動

6年生一人一人が「自分はたちばな小学校の大切な一員なのだ」「自分は役に立っているのだ」という気持ちをもち，主体的に学校をつくっていってほしいと考えた。

そこで，委員会を決定するときに学年全体でオリエンテーションを開き，素敵な学校をつくるために委員会活動があること，どの委員会もとても必要であることなどを再確認し，子どもたちの希望で所属を決定した。

子どもたちは，それぞれの委員会の活動内容を把握し，自分の個性が発揮できる委員会をしっかり考えて選んだ。一つの委員会に定員以上の子どもが希望することもあったが，「じゃんけんはやめよう。話合いで決めようよ」と子どもたちが自分たちでルールを決め，時間をかけて話し合い，それぞれが納得し

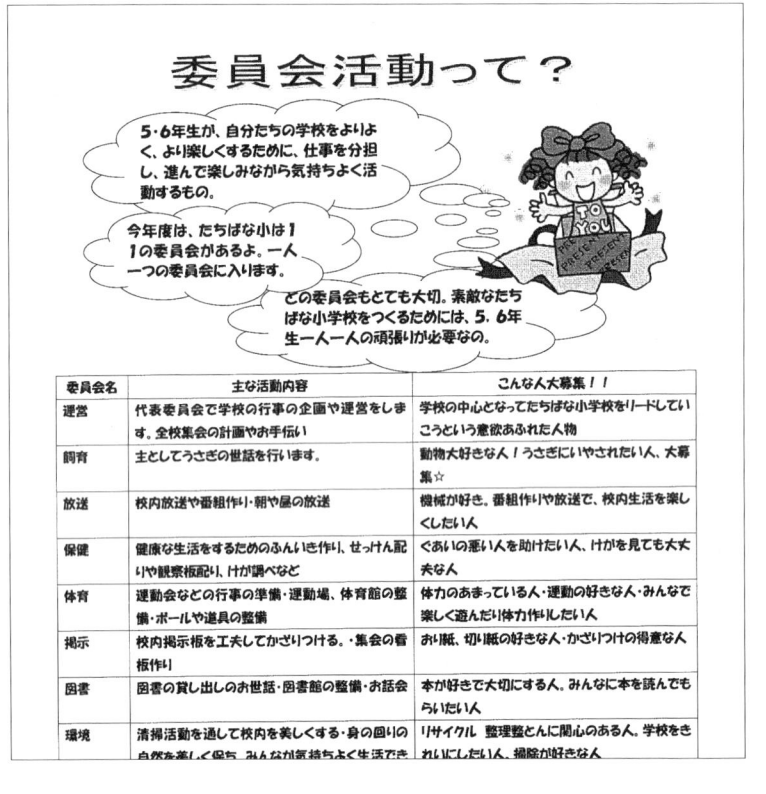

委員会活動って？

5・6年生が、自分たちの学校をよりよく、より楽しくするために、仕事を分担し、進んで楽しみながら気持ちよく活動するもの。

今年度は、たちばな小は11の委員会があるよ。一人一つの委員会に入ります。

どの委員会もとても大切。素敵なたちばな小学校をつくるためには、5・6年生一人一人の頑張りが必要なの。

委員会名	主な活動内容	こんな人大募集！！
運営	代表委員会で学校の行事の企画や運営をします。全校集会の計画やお手伝い	学校の中心となってたちばな小学校をリードしていこうという意欲あふれた人物
飼育	主としてうさぎの世話を行います。	動物大好きな人！うさぎにいやされたい人、大募集☆
放送	校内放送や番組作り・朝や昼の放送	機械が好き、番組作りや放送で、校内生活を楽しくしたい人
保健	健康な生活をするためのふんいき作り、せっけん配りや観察板配り、けが調べなど	ぐあいの悪い人を助けたい人、けがを見ても大丈夫な人
体育	運動会などの行事の準備・運動場、体育館の整備・ボールや道具の整備	体力のあまっている人・運動の好きな人・みんなで楽しく遊んだり体力作りしたい人
掲示	校内掲示板を工夫してかざりつける。・集会の看板作り	お手紙、切り紙の好きな人、かざりつけの得意な人
図書	図書の貸し出しのお世話・図書館の整備・お話会	本が好きで大切にする人、みんなに本を読んでもらいたい人
環境	清掃活動を通して校内を美しくする・身の回りの自然を美しく保ち、みんなが気持ちよく生活でき	リサイクル、整理整とんに関心のある人、学校をきれいにしたい人、掃除が好きな人

て自分の所属を決定した。
　ここで，オリエンテーション後の子どもの感想をみてみよう。

【Aさんの感想】
　ぼくは，運営委員会に入ろうと思いました。あいさつ運動や集会などを頑張ってもっと素敵な学校をつくりたいからです。2人しかなれないのに4人希望していました。みんなでじゃんけんはやめて話し合うことにしました。それぞれがどうして運営委員会に入りたいとか，運営委員会でどんなことをしたいかなどを話しました。ぼくの思いを話すと，○○くんが，「ぼくは，そんなに強い思いはもってないからゆずるよ。」と言ってくれました。うれしかったです。○○くんがゆずってくれたのだから1年間しっかり頑張り続けようと思います。

（3）どんな学校をつくりたいかを話し合おう

　自分たちの手で学校をつくっていくために，運営委員会が中心となって，「どんな学校をつくりたいか。」について全校にアンケートを行う。次に，各学級から出された意見をもとに代表委員会で話し合い，学校のスローガンを決定した。

〇たちばなっ子のめあて（こんな学校，つくりたい）
　① 笑顔で明るいあいさつがあふれる学校
　② いじめのない思いやりあふれる学校

〇たちばなっ子スローガン
　　光れ　たちばな　笑顔の花を満開に

　これらの話合いを通して，「全校のみんなが願っている学校，笑顔で明るいあいさつがあふれる学校，いじめのない思いやりあふれる学校を自分たちが中心となってつくっていこう」という気持ちが高まってきた。

（4）素敵な学校をつくるために自分たちでできることを考えよう

「光れ たちばな 笑顔の花を満開に」のスローガンのもと，各委員会が素敵な学校をつくるためにできることから実践した。6年生の子どもたちは，休み時間などを活用して意欲的に委員会活動に取り組んでいた。

子どもたちは，休み時間のたびに同じ委員会の友達と集まって話し合ったり何かを作ったり，また，担当の先生に活動のアドバイスをもらいにいったり…。縦割り班活動や学級の係活動などの他の活動とのバランスを保ちながら，主体的に楽しみながら大忙しの委員会活動を行っていた。もちろん，子どもたちの活動が停滞することもある。やるべきことを忘れていたり，いい加減にしたりして厳しく指導することもあるが，「自分で決めて入った委員会」だからこそ，子どもたちの意欲が継続し，より創造的な活動を生み出していたように思う。

ここで，2つの委員会を取り上げ，紹介する。

① 運営委員会

たちばな小学校に笑顔の花を咲かせるために友達のよいところやきらりと光ったところを見つけようと，「笑顔コーナー」つくった。休み時間になると笑顔ポストをのぞきにいき，全校のみんなが入れてくれたカードをうれしそうに読んでいた。お昼の放送で，そのカードを紹介したりもっと入れてくれるように呼びかけたりしていた。

② 給食大好き委員会

毎日の給食の準備・後片付けに加えて，毎週木曜日のお昼の放送を給食委員が担当している。バランスよく食べることを呼び掛けるために栄養の歌を全校に紹介していた。少しずつ子どもたちのアイデアが膨らみ，ダンス部隊を結成した。昼休みに練習し，お昼の放送で披露した。最初は少し恥ずかしがっていたが，全校のみんなの期待にこたえようとバージョンアップを重ねている。

（5）ありさんパワーで学校が動いた！

最高学年として素敵な学級を，素敵な学校をつくりたいという願いをもち，自分たちにできることから取り組んできた。全校に「たちばな小学校をみんなの力でつくろうよ」と発信を続け，少しずつ学校が動き始めた。

運動会のキャラクターやスローガンを募集したら1年生から6年生までのたくさんの子どもたちが応募し、総体の壮行会には1年生から6年生の各学級から応援団が集まり選手にエールを送る。1年生は1年生なりに、「たちばな小学校の一員」として学校生活を楽しんでいる。それが伝わるから6年生はとってもうれしそうだった。

また、秋に行われた運動会には、最高学年としての自覚をもち、主体的に取り組んだ。全校種目「綱引き」は、1〜3年生の部、4〜6年生の部に分かれて競ったが、練習で1勝もできない低学年を見るに見かねて、「1・2・3年生に自分たちで調べた綱引きの極意を教えよう！」と赤組の6年生が動いた。昼休みを使って「秘密特訓」に励み、運動会本番では、なんと、今まで勝ったことのない1〜3年生の赤組が、見事優勝！

「優勝赤組」とコールされたとき、6年生の方を見てうれしそうに笑う低学年の子どもの顔、そして、自分たちのことのように喜ぶ6年生の顔。子どもたちにとって、自分たちの手で学校は変わる！　そう確信した出来事だった。

2　児童会活動を通じて

まず、「松山市小中学生によるいじめをなくすミーティング」で発表した子どもの感想。

> 今、「光れ　たちばな　笑顔の花を満開に」というスローガンのもと、全校のみんなが素敵な学校をつくるために頑張っています。いろいろな学校行事から、そして日々の生活の中から全校のみんなの心が一つになったのを感じます。みんな、たちばな小学校が大好きなのだなと嬉しくなります。これからも全校のみんなが力を合わせて素敵な学校をつくれるように頑張っていきたいと思います。……（中略）……わたしは今、自分が大好きです。いつまでも自分のことが大好きと思える自分でいたいと思います。

児童会とは何か、児童会活動は何をやるのか。一人ひとりの子どもがその内容や意義を理解するのは容易ではない。しかし、最高学年の6年生には理解し、

実践して欲しい。このような思いから出発した実践である。

　子どもは学級にあってはもちろん，学校にあってもお客さんではない。一人ひとりが学校づくりの主体である。多くの6年生は，委員会活動を通してこのことを実感したものと考えている。

　前記の子どもの感想は，学校づくりへの挑戦の重要な成果の一つといってよい。子どもは，自分がまじめに考え行動したことに，先生や下級生に喜んでもらえれば充実感をもつ。そして「認められた」「役に立った」という思いが，子どもの成長を促すことになる。

　本実践の成果を振り返り，子どもの手による「学校づくり」が本校における児童会活動の伝統になるよう，あらたな取り組みを工夫したいと考えている。

（藤高由美子）

Ⅱ 全員参加の生徒会活動の展開（中学校）

　　　　生徒会活動の目標は，「生徒会活動を通して，望ましい人間関係を形成し，集団や社会の一員としてよりよい学校生活づくりに参画し，協力して諸問題を解決しようとする自主的，実践的な態度を育てる。」ところにある。
　　　　この目標を達成するには，生徒自身の生徒会活動への主体的参加が前提になるが，教師の適切な援助・指導が不可欠である。本校では，生徒会活動のねらいに迫るために「出番」「役割」「承認」という3つのキーワードを設定し実践指導体制を整えている。ここでは，本校での全員参加の生徒会活動の実践を紹介する。

1　出番・役割・承認の指導体制で

　「出番」とは，子どもが主体的に活動する場面を設定すること。出番が保障されないと，生徒は成長の機会を奪われたことになる。特別活動に限らず，学校における全ての教育活動の展開に際し，出番をいかに保障するかは，中心的課題である。本校では，生徒に多様な「出番」を設定（保障）するため，従来の教育活動を見直し，開発的な視点から再構成するよう努めている。「役割」については，全員参加の生徒会づくりをめざしている。出番はあるが取り組むこと（活動や仕事）が明確でないと出番は意味をなさない。自分はどのような活動や仕事が担当できるか，その際，これを自分で決めていくことができる（自己決定）力を育てることが大切である。次に重要なのは，自分で決めた後の役割の遂行のし方やそのあり方である。一般的には，生徒会活動は生徒会役員の仕事であるという意識で捉えられやすい。本校では，一人ひとりの生徒が，役割遂行を通して，「認められた」（自己存在感）とか，「役に立った」（自己有用感）といったことを実感できるような集団活動のあり方を目指している。そして，教師からの生徒に対する「承認」は不可欠なことである。それが生徒の意欲を喚起し，活動の質を高めることにつながる。このために，教師は常にその手だてを工夫し，活動の質を高めるよう努めている。
　これらの3つのキーワードは相互に関連するものである（図12-1参照）。多

第4部 特別活動の実践手法

◎出番・役割・承認とは

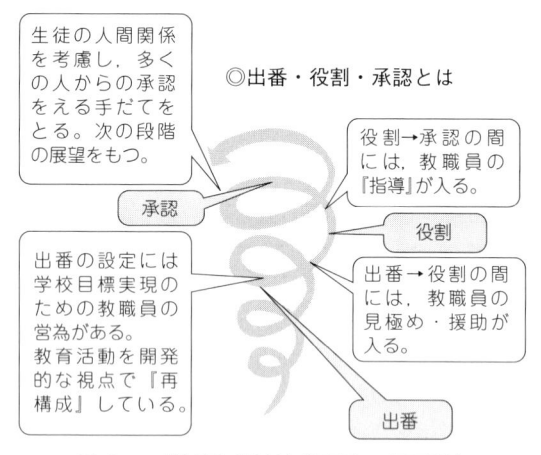

承認：生徒の人間関係を考慮し，多くの人からの承認をえる手だてをとる。次の段階の展望をもつ。

役割：役割→承認の間には，教職員の『指導』が入る。

出番：出番の設定には学校目標実現のための教職員の営為がある。教育活動を開発的な視点で『再構成』している。

出番→役割の間には，教職員の見極め・援助が入る。

図12-1 「出番」「役割」「承認」の相互関連

様な出番が設定されてなければ，教師からの承認の場面も機会もない。生徒が自主的に決めた役割を意欲的に遂行するには，場面，場面に応じて教師の適切な援助や指導が必要なことはいうまでもない。

2　生徒会活動の計画と組織づくり

（1）活動の年間計画

　生徒会活動は年間計画に基づいて展開される。そのため，年間計画の策定は生徒会本部の重要な活動となる。本校では，1年間の見通しを立て，計画的に活動に取り組めるよう，月ごと（上旬，中旬，下旬に区分）に計画を定めている。年間を通して活動する，たとえば，挨拶運動，ベルマーク集め，生徒朝会，JRC活動などもある。また，生徒会活動は多くの場合，学校行事（体育大会，文化発表会等）との絡みで展開されるので，計画の立案に際しては教師間の連携や計画遂行に際して教師の適切な指導も重要だと考えている。

　生徒会本部は，全校的な活動の計画・立案を行い，生徒会運営を取り仕切る要となる組織である。その下に各学年，各学級から選ばれた生徒から構成される専門部を設置している。専門部は本部の計画に基づき，年間の目標と各月の

第12章　児童会活動・生徒会活動

表12-1　生徒会専門部活動の記録表

目標等の計画を定める。その具体的作業を示すと，まず，上級生からの申し送り事項や専門部担当教員との相談にもとづき，専門部長が各月の目標の素案を立てる。その後，生徒会役員会（各専門部長，生徒会本部役員から構成）で再度検討・調整され，原案となる。この原案は新役員任命後の生徒会総会や生徒朝会で全校生徒に提案され，承認を得るはこびとなる。

　年間計画が定まると，全校生徒の組織をつくる。具体的には，クラス委員長会議を開き，専門部委員の選び方の説明をする。学級委員は学活等で希望者を募り決定する。それを表12-1の記録用紙に記入する。1部を生徒会本部に提出させ，1部は教室に掲示する。

（2）専門部委員の決め方
① 専門部毎に男女の定員を決める。2～3年生は生徒に主体的に決めさせる。新入生は活動全体が十分できてないことから教員側の入念な指導が必要になる。

177

表12-2　板書の例

体育 男2名 女2名	保健 男1名 女2名	福祉厚生 男2名 女2名	環境 男2名 女2名	安全 男1名 女2名	生活 男2名 女2名	図書 男2名 女2名	学習 男2名 女2名	専門部
体育								教科
Ⓜ ←	K I O L	J	Ⓖ Ⓗ	F D E	Ⓒ	Ⓐ Ⓑ		男子
Ⓟ								
								女子

② 活動内容は，専門部の一覧表や「新入生のしおり」等を活用し説明する。
③ 男女とも，まず，専門部への第1希望を黒板に記入（挙手）させる。学級委員や生徒会役員も各専門部へ所属するが，別途委員会があるので，専門委員から外し，学級での係とすることを確認する。
④ 男子のA，B，C，G，H，Pは定員内なので決定とし，<u>赤丸</u>（表中では実線）で囲む。
⑤ 定員を超えている場合には，他の専門部へ移動が可能であることを伝え，考えさせる。ここでは，JとMが移動している。移動後の定員が超えなければ決定とし，<u>青丸</u>（表中ではうすアミの線）で囲む。
⑥ D，E，Fについては，定員を超えているので，当事者間で話し合わせる。話し合いで決まらなければ，抽選等で決めさせる。I，K，L，Oについても同様の方法で所属部会を決めさせる。
⑦ D，EとI，Kを④・⑤の決定とは別の<u>緑色等</u>（表中では破線）を使って丸で囲む。
⑧ F，L，Oは図書・環境・体育で第2希望を募り③〜⑦の方法で決定する。
⑨ 全生徒の専門部決定後，委員会に出席する生徒を各専門部毎に話し合って決める。再度，学級委員と生徒会役員は専門委員から外す旨を確認する。
⑩ 専門部毎（男女各2名，計4名）に教科委員の希望を考えさせ，決定する。9教科を8つの専門部で担うことになるので，1つの専門部会では2つの教科委員を兼ねることになる。組み合わせる教科は生徒に決めさせてもよいが，

学級担任の教科と隣の学級担任の教科を組み合わせておくと便利である。

　第1希望，第2希望を募るやり方を徹底しておくと，他のグループ決めや選手決めを生徒自身の手で公平に決めることができる。生徒に第1希望から第3希望までを紙に書かせ，教師が配分する方法もある。しかし，このやり方は，決定までの過程が不透明で生徒の不満を招きやすいとか，生徒の司会進行能力の育成につながらないことから避けたい。

3　生徒会活動の展開

（1）専門部活動の実践

　生徒会担当者は，最低1ヵ月前の職員会議の席上で，専門委員会議案書を添えて，提案内容を説明することになっている。提案説明に基づき，各学級で専門委員会の議案を検討し，目標を実現するための方策を考えてもらう。単に呼びかけるとか，放送する等の曖昧な方法での生徒への働きかけでなくて，「5W1H」を明確にしておく。また，経費を要する活動の場合，専門部がもっている活動費で賄える範囲なのか否かに関する学級担任の判断が必要である。

　各学級での検討が終われば，各学級の代表者（専門委員）を集め，専門委員会を開く。委員会では，一人ひとりが進んで自分の意見や思いを発表できるようにさせる。各学級での通常の話し合い活動においてもそうであるが，委員会でも指名があるまで発言しないケースが多く見られる。自ら意見を述べる能動的，自発的な姿勢で委員会に参加しているか否かが，専門部活動に対する意識，活動への具体的な取り組みの姿，結果としての活動の成果に大きく影響する。

　担当教員には，専門委員会の前後に，進行のし方や発言のし方等の指導とともに，良いところを少しでも見つけ，認め，励ますよう依頼している。教師や同じ活動に取り組む仲間からの承認が多くなるほど，役割認識が明確になり，意欲は高まり，活動の質は向上する。出番→役割→承認のスパイラル（図12-2参照）が生徒の良さの伸長に伴って，スパイラルの直径を大きくし，教師から任せられる範囲（サークル）も拡がることが期待される。活動の現状を見ると，教師の動機づけや委員会メンバーの意識変革により，専門委員会の活動に活気

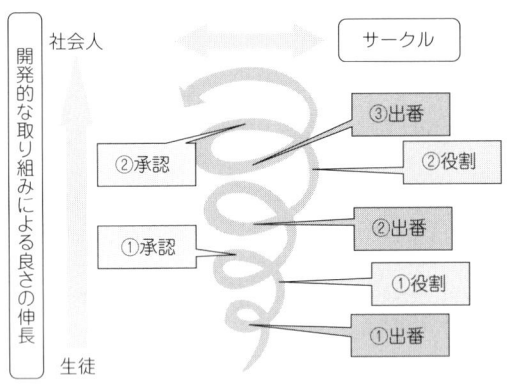

図12-2　出番→役割→承認のスパイラル

がみなぎってきていることは確かである。

(2) 生徒朝会の活動

　専門委員会を開催した翌日に，各学級の朝の会を利用し専門委員会の報告を行わせる。そして，要点のみを記入した表12-3を学級に掲示する。また，直

表12-3　報告の要点

部名	部
12月目標	
実行項目	
実践方法	
その他	

表12-4　生徒朝会の順

1．日時　12月6日（月）
2．会順
　①生徒会役員の話
　②各専門部より
　③吹奏楽部，美術部引継式
　④校長先生のお話

近の生徒朝会（全校朝会）で，生徒会本部より報告を再度行う。この報告は最低1ヵ月前の職員会議で提案を行っている。表12-4がその専門委員会終了後の生徒朝会の会順である。

　生徒朝会（全校朝会）における報告者を生徒会長に固定しないことを原則としている。生徒会長は他の生徒会役員に比べ出番が極端に多い。生徒会役員のメンバーである書記や会計なども，全校生徒から選挙で選ばれているが，普段その活動は見えにくい。そうしたメンバーに出番を保障したい。この出番づくりがメンバーの役割意識を高めることにもなる。

　以上，生徒会本部の活動や専門委員会の活動に焦点をあてて実践を紹介してきた。本校は全員参加の生徒会活動づくりをめざしていることから，各学級での専門部の活動が重要な役割を担っている。紙面の制約からその実践には触れていないが（実践については，新富康央「特別活動で育てる言語力」，梶田叡一・甲斐睦朗編『「言語力」を育てる授業づくり』図書文化，2009年を参照されたい），学級活動を通して，出番と役割と承認を意識した援助・指導を展開していることを付記しておきたい。

（空閑宏史）

第13章 学校行事

I 地域の人や自然を生かした学校行事（小学校）

　　　　　　本校は全校児童78名の小規模校で，すぐ近くに日本三大松原の一つ，「虹の松原」やすぐ側に「東の浜」，築城400年を迎えた「唐津城」がある。また，地域とのつながりが深く，学校への関心も高く学校行事などに非常に協力的である。このように地域の人々や自然との触れ合いに恵まれた環境にある。
　　　　　　学校行事は，「全校又は学年を単位として，学校生活に秩序と変化を与え，学校生活の充実と発展に資する体験的な活動を行うこと」を内容としている。ここでは，地域の人や自然を生かした「勤労生産・奉仕的活動」の具体的な取り組みを紹介する。

1 ハートフル・フラワーキャンペーン（花いっぱい運動の推進）
――ねらい：勤労の尊さや生産の喜びを体得する

　花いっぱい運動は，本校の自慢の活動の一つである。自分たちで種から育てた花を卒業式に飾って，6年生に感謝の気持ちを伝えたい。また，日頃お世話になっている地域の方にそのお礼としてプレゼントしたい，こういう思いからスタートした。
　毎年9月に，5年生が中心になって花の種（小さないのち）をまき，育てている。花はサクラ草とサイネリアである。その花を自分たちで大切に育て，成長の段階ごとに植え替え，一粒の種から見事な花鉢にしてきた。ある程度成長したら，全校の子どもたちが一人一鉢で，自分の名前と願いを書いて水をやり，肥料を加えて大切に育てている。世話を続けることは大変なことだが，目的があるので，やりがいをもって取り組んでいる。これが学校の伝統になってきた。

第13章　学校行事

　育てた花は，卒業式（6年生のために），辞任式（お世話になった先生方），赴任式，入学式（1年生のために）の会場に飾る。また学校関係者だけでなく，日頃お世話になっている方々に感謝の気持ちを込め，メッセージカードを添えてプレゼントをしている。

　届け先は今では，公民館，ホテル，保育園，病院，郵便局，老人介護施設「みつしま荘」，河畔病院ホスピス，子ども110番の家，交通指導員，総合的な学習でお世話になった方など，さまざまである。

（1）ホスピスの患者さんとの交流から

　心を込めて種から育てた花で「少しでも元気になってほしい」。5年生の発案により，昨年度，近くのホスピスにも花を届けた。植木鉢の花をみて，病気で少し苦しそうにしておられた患者さんが，うれしそうな笑顔で手を合わせ何回もありがとうといわれた。予想以上に感謝された行動に子どもたちの心は大きく動いた。子どもはこの学習や活動に意義を見いだし，人に喜ばれ役に立ったという思いで次の活動への意欲もわいてきた。

　花の時期が過ぎ回収した鉢に，次のような短歌が添えられていた。

　　「花で見舞ってくれた　子どもらの笑顔と花に心癒される」

　また，子どもたちが届けた花で作った押し花を大事にもっておられた患者さんがいらっしゃったことも知った。また一つ宝物が増えていった。

　今年もこの取り組みは続いている。5年生が中心になって育てた花を6年生になって，ホスピスの患者さんに届けている。5月の全校朝会では，ホスピスの患者さんへ届けたことについて報告会があり，6年生一人一人が感じたことや思ったことを自分の言葉で全校のみんなに伝えることができた。前回から2週間経った2回目の訪問で，入院患者さんの顔ぶれが変わっていて，笑顔で再会を喜びあえる方もいた反面，会えなくて悲しそうにしている子もいた。子どもたちにとって，これが貴重で大事な出会いであることを肌で感じとり，患者さんからのメッセージである「今日一日を大切に生きること」が心に響いていた。

(2) 子どもの作文から

> 　私は，2回目のホスピスさんの訪問をしました。前行った時は，きのうまで生きておられたのに，「なくなられました。」ということをきいて，しょうげき的で，人間の死をとても身近に感じました。
> 　今日行った時は，前入院していらした方も残っておられたけど，もういなくなった方や，新しく入られた方もいて，まだ，この前行った時から一ヶ月もたっていないのに，こんなにかわるものだと思いました。そして，うれしいこともありました。それは，入院されていた方の家族の方が，サクラ草を押し花にしてくださったことです。今，入院されている方に少しでも元気になってもらいたいです。

　貴重な体験のお礼として，6年生は自分たちから，前5年生担任や校長先生に感謝状やお礼の手紙を花に添えてプレゼントした。手紙には，「私たちに，お花のお世話を教えてくださり，ありがとうございました。おかげで，たくさんの人に喜ばれて，うれしいです。ホスピスにも行けたのは，先生のおかげです。ありがとうございました。」と書かれていた。

　現在，5年生は6年生からバトンを受け取り，活動の内容や計画などをポスターや放送で全校に呼びかけ，5年生が中心になって花のお世話をしている。

　朝の始まりは全校で取り組む朝ラン（ランニング）と花の水やりである。このハートフル・フラワーキャンペーンの活動は，今や，花を育てるだけでなく，人間の生命へと関心が広がり，全学年で取り組むようになっている。

2　楽しむ・いかす・守る活動（地域の環境を生かして）
　　　──ねらい：環境を意識し，郷土を愛する

　子どもたちは，学校のすぐ近くにある東の浜や虹の松原で，学習（生活科・総合的な学習）や集会や浜ラン（ランニング）や清掃活動などを行っている。これらの活動を通し，子どもたちは地域の豊かな環境を誇りに思うと同時に，この環境を守り続けていきたいという気持ちが育っている。

第13章　学校行事

① 「わくわくドキドキ浜っ子集会」清掃活動（東の浜にて）

　毎年，授業参観の後，みんな（子ども・保護者・近くの保育園児・老人会・地域の方々）で東の浜の清掃活動を行っている。

　縦割り班でペアを組み，一緒にゴミを拾う。楽しむだけでなく，「しっかり仕事（学校の目標の一つ）」で**「守る活動」**を大切にしている。今では，校区あげての活動になっており，体験を通した環境教育の重要な機会にもなっている。

【いっぱい拾ったゴミ拾い】

　軍手をはめて，ふくろを持ってしゅぱーつ！日和ちゃんとペアをくみました。日和ちゃんは，いろいろ見つけて拾ってくれました。私もふくろを持って拾いました。そしたらお姉さんも手伝ってくれました。韓国のものや洋服，ガラスなど変なものやきけんなものが落ちていてびっくりしました。ハッポウスチロール，カン，たばこのすいがらなどで，ふくろがぱんぱんになりました。ゴミでいっぱいのふくろが，たくさん出されていて，こんなによごれた浜だったんだと思いました。しょうらい，ハマヒルガオでいっぱい，海もきれいな所にしたいです。みんなで毎年，毎年ゴミ拾いをしたいです。来年は，弟の勇作も入ってきます。日本一きれいな海にしたいです。

（4年生の作文）

---

② 「ころころ松ぽっくり集会」と清掃活動（虹ノ松原にて）

　児童集会（「ころころ松ぽっくり集会」）は，子どもが楽しみにしている学校行事の一つである。各学年とも，集会での出し物の準備，練習に余念がない。今年度は，前半は縦割り班で「クイズでGO」，後半は学年で「ステージ発表」（ダンス，歌，リコーダー・オカリナ演奏など）であった。参観日を兼ねていたので，保護者・近くの保育園・老人会・老人介護施設「みつしま荘」・地域の方々に見ていただくことができた（楽しむ）。集会後は全員で，私たち自慢の虹の松原の清掃活動（松葉かき・草とり）を実施した（守る活動）。毎年，実施しているので子どもたちの手際もよい。額に汗しながらも，美しい環境を守ることに誇りを感じている。

③ 海に近い学校ならではの活動
　・地域の方（漁師さん）にお世話になって，ヒラメやエビの放流。
　・地引網体験（山の学校との交流もかねて）
　・ヨットやカヌーの体験教室参加

　子どもたちは，毎年，この学校ならではの魅力ある行事を楽しみにしている。地域の方々の協力を得ながら，いろいろ体験活動ができることは幸せなことである。また，私たち教師も，この恵まれた環境（東の浜・虹の松原）を教材に，子どもの心が動く豊かな体験を保障しつつ，「楽しむ・いかす・守る活動」の質をさらに高めていきたいと考えている。

　　　　　　　　　　　　　　　　　　　　　　　　　　　　（浦田富美子）

第13章 学校行事

Ⅱ 学校行事と学校の伝統づくり（中学校）

　　　　学校行事は，特色ある学校づくりや学校の顔づくりに重要な役割を果たしている。本校にあっても例外ではない。ここでは，本校における恒例の体育祭と文化祭とならんで，伝統となっている2つの行事を紹介し，成果と課題を述べてみたい。

1　S特別支援学校との交流

（1）活動の概要

　本校はS特別支援学校（病弱児や身体虚弱児）と交流している。交流を通して，障害をもつ生徒の理解や関わり方，さらには，バリアフリー社会構築への意識づくりについて学ぶため1987（昭和62）年から現在まで続いている活動である。「S特別支援学校の生徒と活動を共にすることで生徒相互の理解を深め，好ましい人間関係の在り方を身に付けると共に，生徒相互の理解を深め，経験を広め，豊かな人間性の育成を図る」「障害をもつ生徒を理解し，自分を見つめ直し，共に生きるための技能を身に付ける」ことをねらいとして，年3回の交流活動を全校で取り組んでいる。

（2）活動の成果

　限られた時間の中での交流であるが，障害に負けず笑顔と純粋な気持ちで前向きに生きている姿にふれ，生徒たちは自分の生き方，在り方を問い直すきっかけとなったように思う。また，ふれあいの中で思いやりの気持ちが自然と生まれ，さらに，その気持ちが共に生きる仲間として，相手を理解するところにまで高まってきているように思う。

　今後も生徒の自主性や創造性を大切にした交流会となるようにしていきたい。また，交流学習は，生徒の意識の中にあたりまえの行事として定着してきている。かまえることなく，自然体での交流を心がけていきたい。

2 お年寄りと楽しく過ごす会

(1) 活動の概要

この行事は，1973（昭和48）年に始まり30年以上も続く川内中学校の生徒と地元のお年寄りの方の伝統ある行事である。地域の老人クラブの方を中心に，お話を聞かせてもらったり，いろいろな活動を通して交流を深めるものである。昨年は，竹ほうきづくり，紙細工など6つのグループに分かれ活動を行った。

(2) 成果と課題

核家族化が進む中，最初お年寄りとどう接したらよいかとまどっていた生徒もいたが，活動を通して教えてもらったり，話をする中で次第に打ち解けていった。生徒の感想には「交流が深まり大変よかった」「いろいろと教えてくれて嬉しかった」というものが多かった。普段，中学校の様子がわからない高齢者の方に現在の学校や生徒の様子を見てもらうという点でも意義深い行事であった。生徒のお礼の手紙に対し年賀状や返事をいただき，交流が続いている生徒もいる。課題としては，生徒が主体的に考え判断し，実践というところまでには至っていない。今後，計画段階から生徒や学級などの意見を十分取り入れる手だてが必要である。

3 体 育 祭

(1) 活動の概要

本校では近年，縦割りのブロック制で体育祭を行っており，その中で，異学年の交流を行っている。年度によっては各学年のクラス数が違う時もあるが，最高学年である3年生のクラス数にあわせ，他の学年のクラスを解体しチームを作ってから編成を行っている。これには学級対抗にしたらいいなどの意見も出たが，縦割りの中でのリーダーを育成することに重点を置き，継続してブロック制で行っている。また，行事の精選や縮小がいわれる中において男子の

組体操，女子のダンスといった集団演技，そして応援合戦も行っている。それにより生徒に自己表現の場を与え，才能を発揮できる場を増やすことをねらいとしている。そして，一人一役で係を分担し，各自何らかの係を請け負い，体育祭に積極的に参加させている。また，各種目においても種目責任者の生徒を設けて，練習計画を作成したり，後輩の指導に当たるなど責任を果たし充実感を味わわせることでリーダーの育成に努めた。1，2年の各チームにはチーム代表者を設け，先輩との連絡・調整，練習におけるリーダーシップをとらせるなど，ブロック幹部はもとより，集団の中でより多くのリーダーが育成される場となるように努めた。

(2) 成果と課題

9月に入ってから体育祭当日まではあまり日がなく，短期間集中での準備になっているが，ブロック幹部を中心に生徒主体の積極的な活動ができている。集団演技，応援合戦の練習などやや慌ただしい練習内容となっているが，その分生徒は達成感を味わうことができ，学校生活の中で思い出に残る行事となっている。1，2年生の中には3年生へのあこがれを抱き，理想像を自分の中で構築し，幹部になることを希望する生徒もみられる。この活動の中で養われるリーダー性や団結力は，体育祭後の学校生活にも随所に生かされている。

なお，体育祭終了後，3つの項目について，生徒にアンケートを実施した。4段階評価の「とてもよい」「よい」の割合を見ると，男女の集団演技については87％がよかったと回答している。応援合戦については95％（「とてもよい」68％）。全体としての体育祭については96％（「とてもよい」73％）がよかったと回答している。

今後少子化が進み，クラス数が減少した場合の形態について，教師と生徒で十分に話し合いをもち，生徒の成長につながる行事になるよう努めていきたい。

4　文　化　祭

(1) 活動の概要

　文化祭は学校行事において最大の文化的行事である。日頃の学校での学習の成果を発表したり，個人の得意分野を発表するなど，お互いの良さを再発見する場でもある。また，文化祭を成功させるために，出し物やイベントを創造していく過程も大切な文化であるととらえたい。そして，その準備の過程や当日の活動を通して，全校生徒の縦や横とのつながりも深めることができる。さらに校内だけではなく，地域の文化に触れるために伝統芸能の団体に参加を依頼し，全校生徒の前で披露してもらっている。それにより，生徒の中に地域の文化を継承発展させていこうとする意識を育むと共に，地域の人とのつながりも深めていきたいと考えている。

表13-1　プログラムに掲載された催し物の一覧（一部抜粋）

展示・催し		内　容
オープニング・ダンス	ス テ ー ジ	一生懸命，練習しました。心オドル，ダンスをぜひ見てください。
夢童（和太鼓）		私たち夢童は，独鼓という元気のでる曲を打ちます。十分間楽しんでください。
学習発表		総合的な学習の時間に学習してきたことを発表します。
中国体験発表		日中友好少年少女の翼の団員として中国に行った体験を報告します。
合唱コンクール		各学級が心をひとつにして歌います。私たちの練習の成果を聞いてください。
①タイピングコンテスト	イ ベ ン ト	パソコンに興味のない方でも楽しめるように工夫しました。
②クレイアート大会		芸術を作りたい人，やってみたい人は一緒にネリネリしよう。
③リズム甲子園		みんなで，リズムに合わせて楽しみませんか。
④川中Z-1		ぞうきんがけレース。川中をきれいにしながら。風を感じてみませんか。
⑮プチ人間ドック体力テスト		自分の体力をテストしてみよう！先生の記録に挑戦！！勝てるかな？
⑯北方獅子舞		北方獅子舞は，文化祭にむけて日々練習をしているので見てください。
⑰ワンピース（宝探し）		僕たちは，楽しいイベントを企画しています。ぜひ来てください。
人権劇　きらきら文字		人権について考えたことを劇にして発表します。27人全員がこの日のために練習してきました。じっくり観てください。

第13章　学校行事

当日，保護者の協力を得て，余剰品販売をし，そこに生徒も係として一緒に活動させた。また，駐車場でカレーやうどん，綿菓子などのバザーを行い，生徒は昼食をバザーでとるようにした。

（2）成果と課題

ステージ発表や人権劇など各発表担当者は，練習の成果を発揮し，堂々と発表することにより自分の良さを遺憾なく発揮することができた。また，イベント係の生徒は，当日の参加人数によって自分たちの企画の真価が問われるため，緊張した面持ちで当日を迎えた。しかし，どのイベントも参加者が多く，係の生徒も充実感を味わうとともに，係内や参加者とのつながりを深めることができた。また，和太鼓の演奏が文化祭を引き締め，午後からは学校中に響き渡る獅子舞の太鼓の音が，文化祭を大いに盛り上げた。

課題としては，行事の精選がいわれるなか，文化祭においてもそのあり方については議論の対象となり，徐々に縮小と簡略化の方向を模索しなくてはならない状態にある。その中で，より充実した行事となるよう毎年の反省を生かし

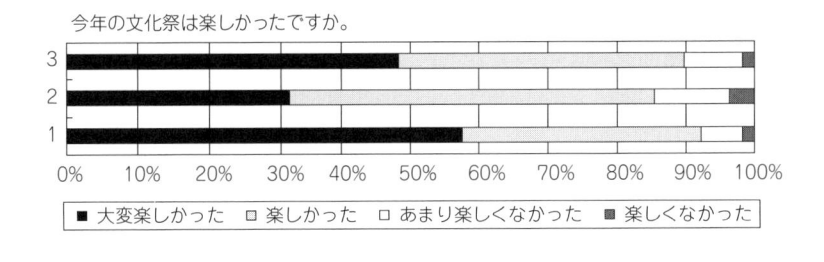

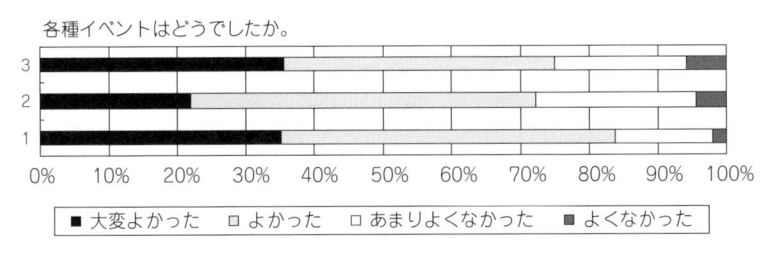

今年の文化祭は楽しかったですか。

■ 大変楽しかった　□ 楽しかった　□ あまり楽しくなかった　■ 楽しくなかった

各種イベントはどうでしたか。

■ 大変よかった　□ よかった　□ あまりよくなかった　■ よくなかった

図13-1　事後の生徒のアンケート結果

ながら，できるだけ生徒の活動の場が確保できる方法を検討していきたい。

（児玉正人）

第14章 進路指導

I　自己認識を深める職業体験学習（中学校）

　　　　　　進路指導は教育活動の全領域で行われるものであるが，その基盤は特別活動の学級活動にある。しかし，進路や職業についての学習は学級でもできるが，実践となると学校行事の「勤労体験・奉仕的行事」との関連で展開されることになる。
　　　　　　最近，キャリア教育の必要性が強調され，多くの学校で職場体験学習が実施されるようになってきた。しかし，そのほとんどは，1日か2日の職場体験であり，本校のように5日間という比較的長期にわたり職場体験を実施する学校は全国的にまだ少ない。ここでは，本校における職場体験学習の準備の過程や実践の成果及び課題について紹介したい。

1　職場体験へ向けた事前の準備と実践

　職場体験の意義は，仕事をしている大人と直接関わることを通して働くことの喜びなどを知り，働くことの意味や価値を理解すること，また自分の能力や特性に気づき，自分の将来の生き方を考える機会にすることにある。
　筆者の前任校での調査によると，保育や福祉介護，接客業を体験した子どもたちは，事前に比べ，事後の調査で自己肯定感が向上していた。幼児やお年寄りやお客から受け入れられ，役に立ったという体験がその背後にあると考えられる。しかし，仕事の種類は無数にある。体験した仕事によっては，自己肯定感を低める場合もある。自己を厳しく振り返る子どもの場合，特にそうである。子どもの性格や希望等を考慮した配置場所の工夫が求められる理由である。
　しかし，職場体験で大切なのは，自己肯定感の高低よりも，自己認識を深めるところにある。この点を含む職場体験の意義を理解させるには，実践に至る

までの事前学習のもつ意味が大きい。事前学習の量と質が職場体験学習の成否を左右するといってよいであろう。

（1）ねらい

いろいろな職場に勤める人々と共に活動することを通して，働くことの意義を理解し，自分の能力に気づき，自分の進路と関係づけながら将来の生き方について考えようとする態度を養う。

（2）活動内容（①～⑥については後述）

○　事前学習
- 進路適性検査（1時間）
- 『働く』『職業』とは？　身近な人にインタビュー（宿題）教室掲示
- 私のしごと館での体験学習・調べ学習（6時間）
- レポート作成（2時間）
- 発表会（1時間）
- 職場体験の概要説明，希望調査（1時間）……①
- 『進路と適性』 PASカードを使って（1.5時間）
- しおり作り，事前打ち合わせについて（1時間）……②
- 事業所にアポの電話（昼休み，放課後）
- 下見の事前指導（1時間）……③
- 事前打ち合わせ（午後）
- マナー講座（1時間）
- 事前指導（1時間）……④

○　職場体験……⑤
- 2年生（148名）が，大津市，草津市，守山市内の44事業所に分かれて
- 2009（平成21）年1月19日（月）〜23日（金）の5日間
- 定休日で仕事が休みの生徒は，学校で2時間程度の作業

○　事後学習……⑥

（3）活動の詳細

① オリエンテーション

体験場所の決定についての説明をする。決定した体験場所が希望の事業所ではない子どももいるので，この学習の意義をしっかりと理解させ，決定を納得させて活動することを求める。

② 事前打ち合わせ

体験場所までの交通機関調べをする。また，下見について時間や行き方についての注意をし，体験先への電話のかけ方などマナーについて伝える。また，自己紹介カードを記入させ，体験先で使用する名札を作る。

③ 下見の前日指導

体験前に，事業所に顔見せに行き，交通手段や活動時間，服装など実際に行って確認する。そのための諸注意を行う。学年全体へは下見での交通など全般的な諸注意をする。共通した注意については学年全体で行う。その後，グループ別で具体的な活動場所別に必要な注意をしたり，必要な交通費などを配布する。場所，服装，持ち物，その他を確認する。

④ 職場体験前日指導

体験活動の前日に必要な諸注意を行う。確認事項は下見でトラブルがなかったか。各事業所での出勤時間・出勤場所・勤務時間・出勤時の服装・働くときの服装・必要な持ち物，しおり，名札の確認。

⑤ 体験学習当日

主任は学校に待機し，連絡・調整にあたる。他の先生は各グループ別に生徒の様子を見に行く。

⑥ 事後学習

各事業所に礼状を書く。また，体験を周知させるため，個人レポートを書き，学級別で発表会をもつ。そのときに代表者を決定し，学年全体で発表会をもつ。ビデオや写真による体験報告をし職場体験の共有をはかる。

（4）体験からの学び

職業体験から子どもたちは何を学びとったのだろうか。生徒の感想からみて

みよう。

【ドラッグストアで体験】
　職場体験の3日目に大感謝セールがありました。いつもより商品が安くなり，とても人が多かったです。なので，すぐに商品がなくなり納品しなければならず，とてもきつかったです。僕は目玉商品のティッシュとトイレットペーパーがなくならないように，何度も箱を持ってきて納品しました。セールでこれだけの人が買い物するのを知り，あらためて，職場で働いている人の気持ちがよくわかりました。すごく疲れました。
　忙しい日があったり，そうでなかったりした日があって，とても疲れました。お客様に対する接し方によって，その店の雰囲気がわかることを知り，とても大変だということがあらためてわかりました。
　　　　　　　　　　　　　　　　　　　　　　　　　　　（男子，抜粋）

【幼稚園で体験】
　私は，自分が卒園した幼稚園に職場体験に行きました。体験してはじめて，先生の仕事がとても大変だと思いました。朝，幼児が登園する前にそうじ，うさぎの世話，遊具を水拭きする作業など，たくさんの仕事がありました。幼児が帰った後にもそうじや次の授業の準備など，やることがどんどん出てきて，全部終わることなどないぐらいに次から次へと出てくるので，自分が幼稚園の時，先生達はとても大変だったんだと思い，そう思うと頑張れました。　　（女子，抜粋）

2　職業体験の成果と課題

（1）成　果
・生徒は働くことの厳しさや喜びを体感し，自分自身を見つめ，これからのことを考えるいい機会となった。将来の職業について夢を語る生徒も出てきた。
・働くことの厳しさから，日頃働いて生活を支えてくれている家族への感謝の気持ちをもつことができた。
・私のしごと館での模擬体験，身近な人へのインタビューやデータベースを

使った調べ学習，マナー講座等，事前学習にかなりの時間を割き，意識を高めることができた。
・各事業所の方から，仕事のこと以外のこと（社会で働くことの意義や社会人として身に付けておくべきマナー等）についても指導していただいた。親や教師以外の人からの話が新鮮で，素直に受け入れることができたように思う。
・働いている生徒の姿から，普段の学校生活では見られない一面が発見でき，成長を実感できた。

（2）課　題

・事前学習にかなりの時間を割き，意識の高揚を図ったが，一部の生徒が目的意識の低い参加で，事業所からお叱りを受けたケースがあった。
・校区内に事業所が少ないため，遠方まで通勤しなければならない生徒が多くいた。そのため，交通費がかさんだり，生徒の疲労が大きかった。校区内の事業所をさらに開拓する必要がある。
・生徒が希望する職種と受け入れていただける職種が違う場合に，希望と違ったところに行くことになった生徒もいて，保護者からの不満の声や体験の意義を疑問視する声もあった。幅広い職種の開拓が必要である。
・体験を受け入れることで，大人一人の手が取られること，また，複数の学校を受け入れているので負担だという事業所の声があった。
・学校によっては，子ども自身が体験場所を探してくるところがある。こうした方策も検討に価する。

　以上，紙面の制約から，事前の学習，実践の成果・課題とも箇条書き的な記述となったが，職場体験学習の所期のねらいは概ね達成されたと理解している。しかし，上述したように，課題も多く残されている。学校や教師の努力だけでは解決できない問題もあるが，子どもの自己認識を深める職場体験学習の質的向上に向け，教師間のさらなる連携を深めたいと考えている。

（森上真治）

第4部　特別活動の実践手法

Ⅱ　工業高校における専門教科指導と連携した進路指導

　　　　　　　　高校進学率が97.8％に達しているわが国の高校教育全体を見渡すと，学業成績による上位校から下位校にいたる学校間のタテの階層と，普通科，工業科や商業科等の専門科，さらに総合学科といった教育課程を軸とするヨコの広がりがある。そのために，進路指導に限らず高校での教育実践を，ひと括りにまとめて報告を行うことは非常に難しい。
　　　　　　　　高校の進路指導は，それぞれの高校の置かれている状況によって目指すべき目標は異なり，その内容や指導法は教育内容を決定づける教育課程と学校を取り巻く環境に大きく依存している。こうした事情をふまえ，工業高校の例を取り上げ，職業課程専門高校の進路指導事情とその特殊性を述べていく。

1　工業高校の特殊性と進路問題

　1960（昭和35）年の学習指導要領では，「工業の各分野における中堅技術者」を工業科の目標とし，1965年のピーク時には62万4千人が学んだ。しかし，1965年を過ぎる頃から，職業科よりも普通科に受験生が集中した。工業高校の生徒の質は急激に下降線を辿り，大企業の採用が高卒から大卒へとシフトしたことから，進路保障の点で低迷期を迎えることになった。
　1995（平成7）年の『スペシャリストへの道——職業教育の活性化方策に関する調査研究会議（最終報告）』は職業高校のあり方に影響をもたらした。すなわち，「職業高校においては『将来のスペシャリスト』として必要とされる『専門性』の基礎・基本を重点的に教育し」，「卒業後も職場や大学等の教育機関において継続して教育を受けるなど，生涯にわたり専門能力の向上に努めること」を提言している。従来の「工業高校」＝「就職」から「工業高校」＝「就職」「進学」へと普通教育重視型専門教育へと舵をきった。
　この提言には，工業高校にとって好都合な要素がいくつか内包されていた。第一は，社会全体の資格志向が高まり，工業高校が従来得意としてきた「ものづくり」や「職業資格取得」が注目されたこと。第二は，18歳人口が減少し大学全入時代を迎えて，AO入試や工業高校推薦枠が拡充し，普通教科の学力試

験を課さない大学が増えたこと。第三は，親元を離れず地元企業への就職を希望する真面目な生徒が志願し，工業高校生の質が回復してきたことである。

今日の工業高校は，低迷期から脱し随分落ち着きを取り戻しつつある。だがそこで求められる教育は，就職を考えた専門教育ではなく，生涯にわたる汎用性の高い教育であり，かつまた，大学進学をも視野に入れた専門教育が期待されている。この問題に対応した進路指導は最も大きな課題となっている。

2　専門教科指導と連携した進路指導の実際

以下，都市部のX工業高校電気科に所属する普通教科担当A教師（ホームルーム担任）による2005（平成17）年から2008（平成18）年までの進路指導実践を手がかりに，専門教科と進路指導との関係に焦点を絞ってみていこうと思う。

普通科進学校とほぼ同様に，X校電気科においても1年次に共通科目が多く配置され，2年次以降から進路別に対応したカリキュラムが設定されている。だがこのカリキュラム配置は，普通教科に自信がなく専門教科に自分の活躍の場を求めて入学してきた生徒の中には，「こんなはずじゃなかった」「こんなん普通科の高校やん」と面食らう者も少なくない。しかし，いざ工業科の実習の授業が始まると，作業場になる少し油くさい教室や真新しい作業着に身をまとった10人くらいの生徒と，職人ともいうべき少しくたびれた作業着姿の教師が対峙する独特な授業の雰囲気に生徒達はたちまちのみこまれてしまい，工業高校生としての自覚が覚醒される。ある工業科ベテラン教師は，「3年後の就職のことを考えて，身だしなみやあいさつや言葉遣いをきっちり指導することが他と違うとこや」「うちの工業高校に来てるんやから，社会に出てからも恥ずかしくない態度を育ててやらんとあかんのや」と生徒たちに檄を飛ばしている。つまり，ここでの教育は，「ものづくり」を通じて社会で働くことの厳しさを教え込み，未来の工業に携わる若者（工業人）を責任もって育てあげるという2つの柱によって支えられている。それはまさに「That's工業高校」とでもいうべき理念であり，専門学科としての工業科が長年にわたって醸成してきた工業教育の風土全体を覆っている。

こうした雰囲気に目を輝かせ，工業に自分の人生を賭けると決心した生徒は，2年次に電気工事系もしくは情報系の専門系コースに進む。それ以外の10％程度の者は進学系コースを選択することになる。

　進学系コースとは，学習指導要領で定める専門課程における最低専門科目単位数25単位を履修し，残りの単位は普通科目を履修することで大学進学を目指すコースである。このコースには「将来は大学院まで行って工学系の研究をしたい」や「開発・技術系の就職がしたい」という生徒もいるが，「手先が器用でなく，ものづくりには合わない」や「将来は，文系の大学に行って普通の会社で営業や事務の仕事に就きたい」という工業とは必ずしも直結しない生徒もいる。そうした生徒の心の内には「なんで普通科に行かへんかったんやろう」といった後ろ向きな気持ちを抱え込んでしまうケースも少なくない。担任は，彼らの置かれている現実を理解し，他の教科担当の教師の協力を得ながら，生徒には「工業の現場も知っている文系は数少ない。絶対社会では重宝されるはずや。工業と普通科の二刀流をめざせ」と励まし，集団から孤立しないように支援していかなければならない。

　では，専門系の2つのコースを選んだ生徒はどうなるのか。この頃になると生徒の間でも自分の所属する科への愛着がわき，自転車のパンク修理のほか職員室や実習室の扇風機や換気扇も分解清掃し，労を厭わず工業高校生らしい一面を見せてくれるようになる。また専門教科の中でも自分の専門分野づくりを意識するようになり，第二種電気工事士や第三種電気主任技術者などの国家資格に挑戦し，それを武器に就職試験に臨もうと勉強に精を出す。

　彼らの就労意識を最も駆り立てるのが，専門教科の実習の時間を使っておこなう工場訪問である。訪問先は毎年，就職実績のある地元企業にお願いしている。工場実習は，表向きはそこで使われている技術を学ぶことにあるが，それとは別に，卒業生が働くそのままの仕事場を見学し，2年後の自分が働いている姿と照らし合わせ想像を膨らますことも授業のねらいとなっている。

　その年の訪問は電鉄会社の車輌工場。人気企業である。工場に入り最初に，間近にみる車輌の大きさや普段は見られない車輌の細部の部品や仕組みを見て，まるで鉄道少年になったかのように興奮するが，さらに工場の奥へと進むと反

応は少しずつ変わっていく。薄暗く天井の高いトタン屋根，四六時中鳴り響く機械の警戒音と動作音，広い作業場のなか整然と片付けられた作業場で車輌の分解整備や点検作業に立ち会う職員たちの真剣な眼差し。生徒たちは緊張感漂う工場の雰囲気に，どこを見たらよいのかオドオドし，ついにはそれに見かねて案内係の職員から檄を飛ばされたりもする。この授業を通じて，生徒は工場で働くために必要な力と学校での日常的な先生からの指導との関係性を知り，鉄道の安全な運行という「あたりまえ」が，鉄道会社では裏方の仕事ともいえる車輌工場で働く直向きな労働によって支えられていることを認識する。

　3年次に進級すると，学校中はすぐに就職活動モード一色となる。高校生の就職活動は会社から求人票が発表される7月初旬頃から始まり，9月中旬頃より就職試験が行われる。このタイムスケジュールは各地域や年度によって若干異なるが，基本的には企業と学校における就職協定の慣行によって決まっている。こうしたスケジュール上，3年生には新年度早々から就職活動を意識させ，それに取り組む姿勢と知識を身につけさせていく。4月・5月には，昨年度の求人票を生徒に見せ，その中から受験したい企業を考えさせ，求人票の記載事項の見方や雇用契約などについて説明し，イメージや会社の名前だけで会社を選ぶのではなく，客観的情報により会社選びができるように就職活動の基礎を指導していく。これと平行して，保護者にも就職活動への関心を促す必要がある。「進路どうするんや，保護者はどう考えてるんや」と生徒への声かけを通じて，家庭での会話に進路の話題が入るように仕向けていく。

　だが，生徒の側でもそう簡単に進路の方向性を決定することは易しいことではない。そこで大きな力となるのが，専門教科の教員と一般教科担任教員の両者の視点による複眼的進路指導である。専門教科の教員は普段の授業や実習の様子から「○○は××が上手いから△△のような仕事があっている」や「○○（会社名）は××のような（技能の）レベルの先輩が行っているから大丈夫や」などといった専門外の教員が知り得ない専門科（家）としての情報をもっている。そうした情報を職員室内で交換し合うことで，専門外の担任でも専門分野の適性や業界事情を知ることができ，専門高校という特殊な場合でも進路指導を行うことを可能にしている。8月初旬頃には，おおよその就職希望者は受験

企業を決定し，応募前企業見学に参加する。地理に不安を感じる生徒は試験会場の下見に行き試験当日に備え万全を整える。

その年A教諭が担任したクラスでは，就職希望した7割の生徒が1回目の就職試験ですべて合格し，それ以外の生徒も理系大学をはじめ文系大学や芸術・調理・医療系などの短大や専門学校に進路を決めた。

3　実践を振り返って

以上みてきたように，高校の進路指導は非常に変化に富んでおり，教員自身が生徒のときに受けたような指導では全く通じない，想像もつかないことがたくさんある。この度の実践者でもあるA教師は，講師歴はあるが，新採として初めて工業高校に赴任し，はじめは右も左も全くわからなかったという。工業科教員に専門教育のイロハをみっちりと教え込まれ情報交換を繰り返した結果，今回，初めての卒業生を送り出すことができた。そこには，専門分野を異にする教師間の教え合い・学び合いが存在したからこそである。それを欠いては，専門外の分野に関する進路指導は成立しなかったといってよいであろう。

(尾場友和)

資 料 編

小学校学習指導要領（平成20年3月告示）　　第6章　特別活動
中学校学習指導要領（平成20年3月告示）　　第5章　特別活動
高等学校学習指導要領（平成21年3月告示）　第5章　特別活動

> **小学校学習指導要領**
> （平成20年3月告示）

第6章 特別活動

第1 目標

望ましい集団活動を通して，心身の調和のとれた発達と個性の伸長を図り，集団の一員としてよりよい生活や人間関係を築こうとする自主的，実践的な態度を育てるとともに，自己の生き方についての考えを深め，自己を生かす能力を養う。

第2 各活動・学校行事の目標及び内容

〔学級活動〕
1 目標
　学級活動を通して，望ましい人間関係を形成し，集団の一員として学級や学校におけるよりよい生活づくりに参画し，諸問題を解決しようとする自主的，実践的な態度や健全な生活態度を育てる。
2 内容
〔第1学年及び第2学年〕
　学級を単位として，仲良く助け合い学級生活を楽しくするとともに，日常の生活や学習に進んで取り組もうとする態度の育成に資する活動を行うこと。
〔第3学年及び第4学年〕
　学級を単位として，協力し合って楽しい学級生活をつくるとともに，日常の生活や学習に意欲的に取り組もうとする態度の育成に資する活動を行うこと。
〔第5学年及び第6学年〕
　学級を単位として，信頼し支え合って楽しく豊かな学級や学校の生活をつくるとともに，日常の生活や学習に自主的に取り組もうとする態度の向上に資する活動を行うこと。
〔共通事項〕
(1) 学級や学校の生活づくり
　ア　学級や学校における生活上の諸問題の解決
　イ　学級内の組織づくりや仕事の分担処理
　ウ　学校における多様な集団の生活の向上
(2) 日常の生活や学習への適応及び健康安全
　ア　希望や目標をもって生きる態度の形成
　イ　基本的な生活習慣の形成
　ウ　望ましい人間関係の形成
　エ　清掃などの当番活動等の役割と働くことの意義の理解
　オ　学校図書館の利用
　カ　心身ともに健康で安全な生活態度の形成
　キ　食育の観点を踏まえた学校給食と望ましい食習慣の形成

〔児童会活動〕
1 目標
　児童会活動を通して，望ましい人間関係を形成し，集団の一員としてよりよい学校生活づくりに参画し，協力して諸問題を解決しようとする自主的，実践的な態度を育てる。
2 内容
　学校の全児童をもって組織する児童会において，学校生活の充実と向上を図る活動を行うこと。
(1) 児童会の計画や運営
(2) 異年齢集団による交流
(3) 学校行事への協力

〔クラブ活動〕
1 目標
　クラブ活動を通して，望ましい人間関係を形成し，個性の伸長を図り，集団の一員として協力してよりよいクラブづくりに参画しようとする自主的，実践的な態度を育てる。
2 内容
　学年や学級の所属を離れ，主として第4学年以上の同好の児童をもって組織するクラブにおいて，異年齢集団の交流を深め，共通の興味・関心を追求する活動を行うこと。
(1) クラブの計画や運営
(2) クラブを楽しむ活動

(3) クラブの成果の発表
〔学校行事〕
1 目 標
　学校行事を通して，望ましい人間関係を形成し，集団への所属感や連帯感を深め，公共の精神を養い，協力してよりよい学校生活を築こうとする自主的，実践的な態度を育てる。
2 内 容
　全校又は学年を単位として，学校生活に秩序と変化を与え，学校生活の充実と発展に資する体験的な活動を行うこと。
(1) 儀式的行事
　学校生活に有意義な変化や折り目を付け，厳粛で清新な気分を味わい，新しい生活の展開への動機付けとなるような活動を行うこと。
(2) 文化的行事
　平素の学習活動の成果を発表し，その向上の意欲を一層高めたり，文化や芸術に親しんだりするような活動を行うこと。
(3) 健康安全・体育的行事
　心身の健全な発達や健康の保持増進などについての関心を高め，安全な行動や規律ある集団行動の体得，運動に親しむ態度の育成，責任感や連帯感の涵養，体力の向上などに資するような活動を行うこと。
(4) 遠足・集団宿泊的行事
　自然の中での集団宿泊活動などの平素と異なる生活環境にあって，見聞を広め，自然や文化などに親しむとともに，人間関係などの集団生活の在り方や公衆道徳などについての望ましい体験を積むことができるような活動を行うこと。
(5) 勤労生産・奉仕的行事
　勤労の尊さや生産の喜びを体得するとともに，ボランティア活動などの社会奉仕の精神を養う体験が得られるような活動を行うこと。

第3　指導計画の作成と内容の取扱い

1　指導計画の作成に当たっては，次の事項に配慮するものとする。
(1) 特別活動の全体計画や各活動・学校行事の年間指導計画の作成に当たっては，学校の創意工夫を生かすとともに，学級や学校の実態や児童の発達の段階などを考慮し，児童による自主的，実践的な活動が助長されるようにすること。また，各教科，道徳，外国語活動及び総合的な学習の時間などの指導との関連を図るとともに，家庭や地域の人々との連携，社会教育施設等の活用などを工夫すること。
(2)〔学級活動〕などにおいて，児童が自ら現在及び将来の生き方を考えることができるよう工夫すること。
(3)〔クラブ活動〕については，学校や地域の実態等を考慮しつつ児童の興味・関心を踏まえて計画し実施できるようにすること。
(4) 第1章総則の第1の2及び第3章道徳の第1に示す道徳教育の目標に基づき，道徳の時間などとの関連を考慮しながら，第3章道徳の第2に示す内容について，特別活動の特質に応じて適切な指導をすること。

2　第2の内容の取扱いについては，次の事項に配慮するものとする。
(1)〔学級活動〕，〔児童会活動〕及び〔クラブ活動〕の指導については，指導内容の特質に応じて，教師の適切な指導の下に，児童の自発的，自治的な活動が効果的に展開されるようにするとともに，内容相互の関連を図るよう工夫すること。また，よりよい生活を築くために集団としての意見をまとめるなどの話合い活動や自分たちできまりをつくって守る活動，人間関係を形成する力を養う活動などを充実するよう工夫すること。
(2)〔学級活動〕については，学級，学校及び児童の実態，学級集団の育成上の課題や発達の課題及び第3章道徳の第3の1の(3)に示す道徳教育の重点などを踏まえ，各学年段階において取り上げる指導内容の重点化を図るとともに，必要に応じて，内容間の関連や統合を図ったり，他の内容を加えたりすることができること。また，学級経営の充実を図り，個々の児童についての理解を深め，児童との信頼関係を基礎に指導を行うとともに，生徒指導との関連を図るようにすること。

(3) 〔児童会活動〕の運営は，主として高学年の児童が行うこと。
(4) 〔学校行事〕については，学校や地域及び児童の実態に応じて，各種類ごとに，行事及びその内容を重点化するとともに，行事間の関連や統合を図るなど精選して実施すること。また，実施に当たっては，異年齢集団による交流，幼児，高齢者，障害のある人々などとの触れ合い，自然体験や社会体験などの体験活動を充実するとともに，体験活動を通して気付いたことなどを振り返り，まとめたり，発表し合ったりするなどの活動を充実するよう工夫すること。
3　入学式や卒業式などにおいては，その意義を踏まえ，国旗を掲揚するとともに，国歌を斉唱するよう指導するものとする。

中学校学習指導要領
（平成20年3月告示）

第5章　特別活動

第1　目　標

　望ましい集団活動を通して，心身の調和のとれた発達と個性の伸長を図り，集団や社会の一員としてよりよい生活や人間関係を築こうとする自主的，実践的な態度を育てるとともに，人間としての生き方についての自覚を深め，自己を生かす能力を養う。

第2　各活動・学校行事の目標及び内容

〔学級活動〕
1　目　標
　学級活動を通して，望ましい人間関係を形成し，集団の一員として学級や学校におけるよりよい生活づくりに参画し，諸問題を解決しようとする自主的，実践的な態度や健全な生活態度を育てる。
2　内　容
　学級を単位として，学級や学校の生活の充実と向上，生徒が当面する諸課題への対応に資する活動を行うこと。
(1) 学級や学校の生活づくり
　ア　学級や学校における生活上の諸問題の解決
　イ　学級内の組織づくりや仕事の分担処理
　ウ　学校における多様な集団の生活の向上
(2) 適応と成長及び健康安全
　ア　思春期の不安や悩みとその解決
　イ　自己及び他者の個性の理解と尊重
　ウ　社会の一員としての自覚と責任
　エ　男女相互の理解と協力
　オ　望ましい人間関係の確立
　カ　ボランティア活動の意義の理解と参加
　キ　心身ともに健康で安全な生活態度や習慣の形成
　ク　性的な発達への適応
　ケ　食育の観点を踏まえた学校給食と望ましい食習慣の形成
(3) 学業と進路
　ア　学ぶことと働くことの意義の理解
　イ　自主的な学習態度の形成と学校図書館の利用
　ウ　進路適性の吟味と進路情報の活用
　エ　望ましい勤労観・職業観の形成
　オ　主体的な進路の選択と将来設計

〔生徒会活動〕
1　目　標
　生徒会活動を通して，望ましい人間関係を形成し，集団や社会の一員としてよりよい学校生活づくりに参画し，協力して諸問題を解決しようとする自主的，実践的な態度を育てる。
2　内　容
　学校の全生徒をもって組織する生徒会において，学校生活の充実と向上を図る活動を行うこと。
(1) 生徒会の計画や運営
(2) 異年齢集団による交流
(3) 生徒の諸活動についての連絡調整
(4) 学校行事への協力

(5) ボランティア活動などの社会参加
〔学校行事〕
1 目　標
　学校行事を通して，望ましい人間関係を形成し，集団への所属感や連帯感を深め，公共の精神を養い，協力してよりよい学校生活を築こうとする自主的，実践的な態度を育てる。
2 内　容
　全校又は学年を単位として，学校生活に秩序と変化を与え，学校生活の充実と発展に資する体験的な活動を行うこと。
(1) 儀式的行事
　学校生活に有意義な変化や折り目を付け，厳粛で清新な気分を味わい，新しい生活の展開への動機付けとなるような活動を行うこと。
(2) 文化的行事
　平素の学習活動の成果を発表し，その向上の意欲を一層高めたり，文化や芸術に親しんだりするような活動を行うこと。
(3) 健康安全・体育的行事
　心身の健全な発達や健康の保持増進などについての理解を深め，安全な行動や規律ある集団行動の体得，運動に親しむ態度の育成，責任感や連帯感の涵養（かん），体力の向上などに資するような活動を行うこと。
(4) 旅行・集団宿泊的行事
　平素と異なる生活環境にあって，見聞を広め，自然や文化などに親しむとともに，集団生活の在り方や公衆道徳などについての望ましい体験を積むことができるような活動を行うこと。
(5) 勤労生産・奉仕的行事
　勤労の尊さや創造することの喜びを体得し，職場体験などの職業や進路にかかわる啓発的な体験が得られるようにするとともに，共に助け合って生きることの喜びを体得し，ボランティア活動などの社会奉仕の精神を養う体験が得られるような活動を行うこと。

第3　指導計画の作成と内容の取扱い

　1　指導計画の作成に当たっては，次の事項に配慮するものとする。
(1) 特別活動の全体計画や各活動・学校行事の年間指導計画の作成に当たっては，学校の創意工夫を生かすとともに，学校の実態や生徒の発達の段階などを考慮し，生徒による自主的，実践的な活動が助長されるようにすること。また，各教科，道徳及び総合的な学習の時間などの指導との関連を図るとともに，家庭や地域の人々との連携，社会教育施設等の活用などを工夫すること。
(2) 生徒指導の機能を十分に生かすとともに，教育相談（進路相談を含む。）についても，生徒の家庭との連絡を密にし，適切に実施できるようにすること。
(3) 学校生活への適応や人間関係の形成，進路の選択などの指導に当たっては，ガイダンスの機能を充実するよう〔学級活動〕等の指導を工夫すること。特に，中学校入学当初においては，個々の生徒が学校生活に適応するとともに，希望と目標をもって生活をできるよう工夫すること。
(4) 第1章総則の第1の2及び第3章道徳の第1に示す道徳教育の目標に基づき，道徳の時間などとの関連を考慮しながら，第3章道徳の第2に示す内容について，特別活動の特質に応じて適切な指導をすること。

　2　第2の内容の取扱いについては，次の事項に配慮するものとする。
(1) 〔学級活動〕及び〔生徒会活動〕の指導については，指導内容の特質に応じて，教師の適切な指導の下に，生徒の自発的，自治的な活動が効果的に展開されるようにするとともに，内容相互の関連を図るよう工夫すること。また，よりよい生活を築くために集団としての意見をまとめるなどの話合い活動や自分たちできまりをつくって守る活動，人間関係を形成する力を養う活動などを充実するよう工夫すること。
(2) 〔学級活動〕については，学校，生徒の実態及び第3章道徳の第3の1の(3)に示す道徳教育の重点などを踏まえ，各学年において取り上げる指導内容の重点化を図るとともに，必要に応じて，内容間の関連や統合を図った

り，他の内容を加えたりすることができること。また，個々の生徒についての理解を深め，生徒との信頼関係を基礎に指導を行うとともに，生徒指導との関連を図るようにすること。
(3)〔学校行事〕については，学校や地域及び生徒の実態に応じて，各種類ごとに，行事及びその内容を重点化するとともに，行事間の関連や統合を図るなど精選して実施すること。また，実施に当たっては，幼児，高齢者，障害のある人々などとの触れ合い，自然体験や社会体験などの体験活動を充実するとともに，体験活動を通して気付いたことなどを振り返り，まとめたり，発表し合ったりするなどの活動を充実するよう工夫すること。
3 入学式や卒業式などにおいては，その意義を踏まえ，国旗を掲揚するとともに，国歌を斉唱するよう指導するものとする。

高等学校学習指導要領
(平成21年3月告示)

第5章 特別活動

第1 目標
　望ましい集団活動を通して，心身の調和のとれた発達と個性の伸長を図り，集団や社会の一員としてよりよい生活や人間関係を築こうとする自主的，実践的な態度を育てるとともに，人間としての在り方生き方についての自覚を深め，自己を生かす能力を養う。

第2 各活動・学校行事の目標及び内容
〔ホームルーム活動〕
1 目標
　ホームルーム活動を通して，望ましい人間関係を形成し，集団の一員としてホームルームや学校におけるよりよい生活づくりに参画し，諸問題を解決しようとする自主的，実践的な態度や健全な生活態度を育てる。

2 内容
　学校における生徒の基礎的な生活集団として編成したホームルームを単位として，ホームルームや学校の生活の充実と向上，生徒が当面する諸課題への対応に資する活動を行うこと。
(1) ホームルームや学校の生活づくり
　ア ホームルームや学校における生活上の諸問題の解決
　イ ホームルーム内の組織づくりと自主的な活動
　ウ 学校における多様な集団の生活の向上
(2) 適応と成長及び健康安全
　ア 青年期の悩みや課題とその解決
　イ 自己及び他者の個性の理解と尊重
　ウ 社会生活における役割の自覚と自己責任
　エ 男女相互の理解と協力
　オ コミュニケーション能力の育成と人間関係の確立
　カ ボランティア活動の意義の理解と参画
　キ 国際理解と国際交流
　ク 心身の健康と健全な生活態度や規律ある習慣の確立
　ケ 生命の尊重と安全な生活態度や規律ある習慣の確立
(3) 学業と進路
　ア 学ぶことと働くことの意義の理解
　イ 主体的な学習態度の確立と学校図書館の利用
　ウ 教科・科目の適切な選択
　エ 進路適性の理解と進路情報の活用
　オ 望ましい勤労観・職業観の確立
　カ 主体的な進路の選択決定と将来設計
〔生徒会活動〕
1 目標
　生徒会活動を通して，望ましい人間関係を形成し，集団や社会の一員としてよりよい学校生活づくりに参画し，協力して諸問題を解決しようとする自主的，実践的な態度を育てる。
2 内容

学校の全生徒をもって組織する生徒会において，学校生活の充実と向上を図る活動を行うこと。
(1) 生徒会の計画や運営
(2) 異年齢集団による交流
(3) 生徒の諸活動についての連絡調整
(4) 学校行事への協力
(5) ボランティア活動などの社会参画
〔学校行事〕
1 目 標
　学校行事を通して，望ましい人間関係を形成し，集団への所属感や連帯感を深め，公共の精神を養い，協力してよりよい学校生活や社会生活を築こうとする自主的，実践的な態度を育てる。
2 内 容
　全校若しくは学年又はそれらに準ずる集団を単位として，学校生活に秩序と変化を与え，学校生活の充実と発展に資する体験的な活動を行うこと。
(1) 儀式的行事
　学校生活に有意義な変化や折り目を付け，厳粛で清新な気分を味わい，新しい生活の展開への動機付けとなるような活動を行うこと。
(2) 文化的行事
　平素の学習活動の成果を総合的に生かし，その向上の意欲を一層高めたり，文化や芸術に親しんだりするような活動を行うこと。
(3) 健康安全・体育的行事
　心身の健全な発達や健康の保持増進などについての理解を深め，安全な行動や規律ある集団行動の体得，運動に親しむ態度の育成，責任感や連帯感の涵養，体力の向上などに資するような活動を行うこと。
(4) 旅行・集団宿泊的行事
　平素と異なる生活環境にあって，見聞を広め，自然や文化などに親しむとともに，集団生活の在り方や公衆道徳などについての望ましい体験を積むことができるような活動を行うこと。
(5) 勤労生産・奉仕的行事
　勤労の尊さや創造することの喜びを体得し，就業体験などの職業観の形成や進路の選択決定などに資する体験が得られるようにするとともに，共に助け合って生きることの喜びを体得し，ボランティア活動などの社会奉仕の精神を養う体験が得られるような活動を行うこと。

第3 指導計画の作成と内容の取扱い

1　指導計画の作成に当たっては，次の事項に配慮するものとする。
(1) 特別活動の全体計画や各活動・学校行事の年間指導計画の作成に当たっては，学校の創意工夫を生かすとともに，学校の実態や生徒の発達の段階及び特性等を考慮し，生徒による自主的，実践的な活動が助長されるようにすること。また，各教科・科目や総合的な学習の時間などの指導との関連を図るとともに，家庭や地域の人々との連携，社会教育施設等の活用などを工夫すること。その際，ボランティア活動などの社会奉仕の精神を養う体験的な活動や就業体験などの勤労にかかわる体験的な活動の機会をできるだけ取り入れること。
(2) 生徒指導の機能を十分に生かすとともに，教育相談（進路相談を含む。）についても，生徒の家庭との連絡を密にし，適切に実施できるようにすること。
(3) 学校生活への適応や人間関係の形成，教科・科目や進路の選択などの指導に当たっては，ガイダンスの機能を充実するよう〔ホームルーム活動〕等の指導を工夫すること。特に，高等学校入学当初においては，個々の生徒が学校生活に適応するとともに，希望と目標をもって生活をできるよう工夫すること。
(4) 〔ホームルーム活動〕を中心として特別活動の全体を通じて，特に社会において自立的に生きることができるようにするため，社会の一員としての自己の生き方を探求するなど，人間としての在り方生き方の指導が行われるようにすること。その際，他の教科，特に公民科や総合的な学習の時間との関連を図ること。

2 第2の内容の取扱いについては，次の事項に配慮するものとする。
(1) 〔ホームルーム活動〕及び〔生徒会活動〕の指導については，指導内容の特質に応じて，教師の適切な指導の下に，生徒の自発的，自治的な活動が効果的に展開されるようにするとともに，内容相互の関連を図るよう工夫すること。また，よりよい生活を築くために集団としての意見をまとめるなどの話合い活動や自分たちできまりをつくって守る活動，人間関係を形成する力を養う活動などを充実するよう工夫すること。
(2) 〔ホームルーム活動〕及び〔生徒会活動〕については，学校や地域及び生徒の実態に応じて，取り上げる指導内容の重点化を図るとともに，入学から卒業までを見通して，必要に応じて内容間の関連や統合を図ったり，他の内容を加えたりすることができること。また，〔ホームルーム活動〕については，個々の生徒についての理解を深め，生徒との信頼関係を基礎に指導を行うとともに，生徒指導との関連を図るようにすること。
(3) 〔学校行事〕については，学校や地域及び生徒の実態に応じて，各種類ごとに，行事及びその内容を重点化するとともに，入学から卒業までを見通して，行事間の関連や統合を図るなど精選して実施すること。また，実施に当たっては，幼児，高齢者，障害のある人々などとの触れ合い，自然体験や社会体験などの体験活動を充実するとともに，体験活動を通して気付いたことなどを振り返り，まとめたり，発表し合ったりするなどの活動を充実するよう工夫すること。
(4) 特別活動の一環として学校給食を実施する場合には，食育の観点を踏まえた適切な指導を行うこと。
3 入学式や卒業式などにおいては，その意義を踏まえ，国旗を掲揚するとともに，国歌を斉唱するよう指導するものとする。
4 〔ホームルーム活動〕については，主としてホームルームごとにホームルーム担任の教師が指導することを原則とし，活動の内容によっては他の教師などの協力を得ることとする。

索　引
（＊は人名）

ア行
朝の会　165
委員会活動　170
生きる力　102, 116
いじめ　84, 123
＊ウォーラー，W.　74
運動会　33, 173
落ちこぼれ　39
思いや願い　94, 98

カ行
帰りの会　165
係活動　10, 47, 142, 158, 160
係と当番　159
係の名前　159
学業　54
各教科外の教育活動　39
学芸会　34
学芸的行事　103
各種委員会　69
学習訓練　95
学習指導要領　3, 36, 92, 103, 130
学習習慣　94
学年集会　169
学力の基礎・基本　94
課題解決型の集団　63
＊片岡徳雄　128
価値ある体験　99
学級王国　125
学級活動　46, 65, 68, 98, 101, 110
　　──への意欲　165
「学級経営の充実」　130
学級指導　101
学級集団づくり　49
学級づくり　12, 98, 124
学級の課題　154
学級のきまり　128
学級開き　148
学級目標　151
学校教育法施行規則　65
学校行事　92, 93, 102, 103, 105, 113
『学校集団』（ウォーラー）　74

学校図書館　52
関係づけ　92, 93
＊姜尚中　55
がんばりカード　155
関連的指導　95
儀式的行事　78, 113
帰属意識　103
議題の収集方法　165
議題ポスト　165
規範　95
基本的な生活習慣　51
逆コース　37
教育課程　92, 96
教育基本法　2, 103, 115
教育勅語奉読　32
教員間連携　87
共感性　95
共感的理解　95, 97, 104, 105
教材の主体化　98, 99, 100
行事の精選　191
共通理解　156
興味・関心　97
勤労生産・奉仕的活動　82, 96, 105, 114
クラブ活動　112, 154
グループエンカウンター　132
軍事教練　33
計画委員会　166
経験主義　37
健康安全　50
健康安全・体育的行事　80, 114
現代化カリキュラム　39
公共の精神　103
交流学習　187
国際交流　51
国際理解　51, 100
子どもから出発する　97
コミュニケーション　101

サ行
思考　22
　収束的──　22, 73
　収斂的──　22, 74
　発散的──　22, 73

思考の性質　22
自己決定　156, 175
自己肯定感　193
自己効力感　96
自己紹介　150
自己達成感　96
自己の生き方　100
自己理解　55
支持的風土　13, 21, 47, 127-133
自主性　187
自主的，実践的な態度　5, 103, 109, 169
自尊感情　95
自治的活動　60, 63
自治的能力　103
実行委員会　69
児童（生徒）総会　69
児童会（生徒会）事務局　69
児童会活動　60, 101, 112, 169
指導計画　102, 154
児童集会　185
指導要録　149
児童理解　136
社会参画　103
社会性　7, 103
社会奉仕の精神　95, 105
修学旅行　33, 105
自由研究　36
集団　18
　──の要件　18
集団活動　158
　──の意義　18
　──の方法　19
集団宿泊活動　93, 104, 105
集団づくり　19
集団内での仕事の分担　24
準拠集団　19, 126-128
　──化　13, 95
消極的生徒指導　134
小集団（班）の編成と活用　23
食育　52
職業選択　54
職業体験　193
所属集団　13, 18, 126-128
自立への基礎を養う　92
識り　95, 97, 105
信頼関係　150
進路　54

進路指導　198
　──の実際　199
進路選択　54
進路適性検査　194
進路問題　198
スキル　94, 95
生産的思考　73
清掃活動　184
生徒会活動　60, 112, 175
　──の展開　179
生徒会本部　176
生徒指導　134
生徒朝会　180
生徒理解　136
生命尊重　96
積極的生徒指導　134, 135
全員参加　154, 175
専門委員会　179
総合的な学習の時間　40, 92, 93, 94, 97, 100, 101, 102
　──による特別活動の「代替」　93, 102
総合単元的道徳学習　117
創造性　187
卒業式　183

タ行
体育祭　188
体験学習　95, 100, 102
体験活動　94, 95, 97, 102, 103
　──の意義　26
　──の活用　28
　──の重視　25
　──の充実　29
　──の乏しさ　27
体験からの学び　195
体験と言語　25
第二次性徴期　52
代表委員会　69, 171
＊竹川郁雄　123
確かな学力　116
他者理解　55
縦割り班　185
　──活動　172
探究的な学習　93, 100
長期集団宿泊体験　104, 105
長途遠足　33
ツーリスト　94, 98

──づくり　94
　出会い　97
　適応　50
　出番　175
＊デューイ，J.　8
　道徳教育　107
　当番活動　158
　特色ある学校づくり　187
　特別活動の特質　5，17，92，103
　特別活動の方法　16
　特別活動の目標　4
　特別教育活動　36
　トライやる・ウィーク　83
　トラベラー　94，98
　　──づくり　94

　ナ行
　「なすことによって学ぶ」　5，94
　入学式　183
　人間関係　103，105，109，150
　人間性　103
　年間計画　176
　望ましい集団活動　19，95，101，103，108，130
　　──の要件　20，21
　望ましい人間関係　5，12，51，103，169

　ハ行
　はじめ子どもありき　99
　話（し）合い　14，151，164，165
　　──のタイプ　23
　話合い活動　21
　PISA（国際到達度学力）調査　2
　一人一役　24，189

　ひらく・ひろげる　100，105
　部活動　35
　文化祭　190
　文化的行事　79，103，113，190
　兵式体操　33
　防衛的風土　126-128，140
　ホームルーム活動　46
　ボランティア活動　28，95，105
　本物　103，104

　マ行
　学ぶ力　94
　学ぼうとする力　94
　民主的な市民　70
　モデル無き授業の創造　93
＊森有礼　33
　問題解決学習　8

　ヤ・ラ行
　役割　175
　役割の決め方　24
　役割の輪番制　25
　休み時間　172
　豊かな心　116
　ゆとり　40
　ゆとり教育　40
＊吉野源三郎　53
　よりどころづくり　95
　リーダーシップ　71，101，189
　リーダーシップ　集団における　24
　旅行（遠足）・集団宿泊的行事　81，104，105，114
　輪番制　71
　論点づくり　166

執筆者紹介（執筆順，執筆担当）

相原 次男（あいはら・つぎお，宇部フロンティア大学短期大学部，編者，第1章）
南本 長穂（みなみもと・おさお，関西学院大学教職教育研究センター，編者，第2章）
山田 浩之（やまだ・ひろゆき，広島大学大学院教育学研究科，第3章）
須田 康之（すだ・やすゆき，兵庫教育大学大学院学校教育研究科，第4章）
髙旗 浩志（たかはた・ひろし，岡山大学教師教育開発センター，第5章）
久保田真功（くぼた・まこと，富山大学人間発達科学部，第6章）
新富 康央（しんとみ・やすひさ，國學院大學人間開発学部，編者，第7章）
押谷 由夫（おしたに・よしお，昭和女子大学大学院生活機構研究科，第8章）
太田 佳光（おおた・よしみつ，愛媛大学教育学部附属教育実践総合センター，第9章）
白松 賢（しらまつ・さとし，愛媛大学教育学部，第10章）
清田 浩文（きよた・ひろふみ，熊本県熊本市立託麻西小学校教頭〔執筆時〕，第11章Ⅰ）
飯盛 康二（いいもり・こうじ，福岡県福岡市立鶴田小学校教諭〔執筆時〕，第11章Ⅱ）
椙田 崇晴（すぎた・たかはる，山口県下関市立名池小学校教頭〔執筆時〕，第11章Ⅲ）
武富 通（たけとみ・とおる，佐賀県佐賀市立鍋島小学校教諭〔執筆時〕，第11章Ⅳ）
藤高由美子（ふじたか・ゆみこ，愛媛県松山市立たちばな小学校教諭〔執筆時〕，第12章Ⅰ）
空閑 宏史（くが・ひろふみ，佐賀市教育委員会こども教育部総務課指導主事〔執筆時〕，第12章Ⅱ）
浦田富美子（うらた・ふみこ，佐賀県東唐津市立東唐津小学校教諭〔執筆時〕，第13章Ⅰ）
児玉 正人（こだま・まさひと，愛媛県東温市立川内中学校教諭〔執筆時〕，第13章Ⅱ）
森上 真治（もりかみ・しんじ，滋賀県大津市立青山中学校教諭〔執筆時〕，第14章Ⅰ）
尾場 友和（おば・ともかず，大阪市立咲くやこの花高等学校・中学校教諭〔執筆時〕，第14章Ⅱ）

	シリーズ 現代の教職　9 新しい時代の 特別活動 ――個が生きる集団活動を創造する――	
2010年4月30日　初版第1刷発行 2016年9月30日　初版第7刷発行		〈検印省略〉
		定価はカバーに 表示しています

		相	原	次	男
編著者		新	富	康	央
		南	本	長	穂
発行者		杉	田	啓	三
印刷者		藤	森	英	夫

発行所　株式会社　ミネルヴァ書房
607-8494　京都市山科区日ノ岡堤谷町1
電話(075)581-5191／振替01020-0-8076

© 相原・新富・南本他, 2010　　　　亜細亜印刷・藤沢製本

ISBN978-4-623-05764-1

Printed in Japan

入門・子ども社会学

――――南本長穂・山田浩之編著

「子ども社会学」の入門書。狭い意味での「子どもを研究対象とする社会学」ではなく，「子ども社会の学問」であるという基本的なスタンスに立ち，子ども社会学の領域・研究対象・方法などわかりやすく解説する。

A5判　216頁　本体2400円

教育社会学概論

――――有本　章・山﨑博敏・山野井敦徳編著

教育社会学の対象・方法・内容をわかりやすく解説する。「教育」の営みのなかの「社会」的な側面や，「教育と社会」「学校と社会」の関係に着目させて，学校，教育へ社会学的にアプローチする

A5判　240頁　本体2500円

教職をめざす人のための 教育用語・法規

――――広岡義之編

194の人名と，最新の教育時事用語もふくめた合計863の項目をコンパクトにわかりやすく解説。教員採用試験に頻出の法令など，役立つ資料も掲載した。

四六判　312頁　本体2000円

教職論［第2版］――教員を志すすべてのひとへ

――――教職問題研究会編

「教職の意義等に関する科目」の教科書。教職と教職をめぐる組織・制度・環境を体系立ててわかりやすく解説した，教職志望者および現場教員にも必読の一冊。

A5判　240頁　本体2400円

――― ミネルヴァ書房 ―――

http://www.minervashobo.co.jp